첨성대에서
월스트리트
그리고 여의도

첨성대에서 월스트리트 그리고 여의도

이장호 지음

증권시장의 국제화를 체험한 펀드매니저가 전하는
외국인이 바라본 국내 주식시장

★★★★★
월가 헤지펀드가
전수해 준
펀드
운용 기법

바른북스

| 프롤로그 |

지금도 증권시장은 진화하고 있다. AI의 등장은 자산운용에 대한 투자자들의 생각을 바꾸고 있다. 자산 배분에서 종목 선정까지 소요되는 시간이 단축되었고 다양한 정보가 시장 가격에 반영되는 속도는 전례 없이 빠르다. 베이비 부머 세대의 은퇴와 고물가/고금리/저성장의 새로운 추세에서 노후 자금을 안정적으로 확보하려는 자산 관리의 중요성이 더욱 부각되고 있다.

이 책은 이러한 환경의 변화에 대응하려는 투자자들에게 작은 도움이 되고자 마련되었다. 국내 증권시장이 외국 투자자들에게 1992년 개방된 후 벌써 33년의 시간이 흘렀다. 선진 시장의 운용 기법들이 국내에 소개되어 금융투자에 대한 이해도는 더욱 넓고 깊어졌다. 한국 증권 산업의 국제화를 체험한 나의 궤적을 추적하여, 후배들과 일반 투자자들에게 국내 시장의 국제화 과정을 실감 나게 전하고 싶다. 현재는 과거의 미래이며 미래의 과거이기 때문이다.

1986년 대우증권에 입사하여 국제영업본부와 뉴욕 현지법인에서 근무하고, 한빛투신과 서울투신을 거쳐 우정사업본부, 새마을금고중앙회, 한국투자공사, 그리고 하나UBS에서 정년퇴직하였다. 증권사 조사역과 펀드매니저로 근무하면서 겪었던 증권시장의 역사를 공유하고 싶다.

이 책은 2부로 구성되었다. 1부는 저자가 현직에 있으면서 다양한 언론 매체들에 기고한 글과 인터뷰한 내용을 담았으며, 2부는 대우증권 입사에서 하나UBS 퇴직까지 있었던 금융시장의 변곡점에서 내가 판단하고 대응하였던 내용으로 구성하였다.

원고로 저장했던 글이 책으로 발간된 것은 1992년 국내 증권시장의 대외개방 전부터 함께 근무했던 대우증권의 동료 김명섭(미국명, David Kim)의 권유가 계기가 되었다. 많은 사람들이 이해하기 쉽게 편집과 탈고의 과정을 도와준 데에 깊은 감사의 뜻을 전한다. 아울러, 일상생활에 바쁜 가운데에서 졸고를 꼼꼼하게 읽고 소중한 의견을 나눠준 공부방의 멤버들에게도 고마움을 전하고 싶다. 그리고 언제나 아빠를 응원하는 아들과 딸, 그리고 아내에게 고마움을 전한다.

차례

프롤로그

1부 시장과 펀드 운용
: 자산 시장의 주요 변화에 대한 펀드매니저의 판단과 대응

1. 전략과 전술에 능한 투자, Bizwatch, 2019. 10. 14.(월) — 13
2. 'Beta에서 Alpha로' 투자 패러다임의 변화, Bizwatch, 2019. 7. 15.(월) — 17
3. 흔들리는 배에서 현기증이 날 땐 섬을 보자, Bizwatch, 2020. 3. 16.(월) — 21
4. 풍랑 속에 선적 화물을 던질 것인가?, Bizwatch, 2020. 3. 3.(화) — 24
5. 곰과 황소가 넘치는 시장, Bizwatch, 2020. 6. 9.(화) — 27
6. 공포는 투자 패턴의 변화를 낳는다, Bizwatch, 2020. 2. 27.(목) — 30
7. 유동성 있는 대체투자를 눈여겨볼 때, Bizwatch, 2020. 1. 10.(금) — 33
8. 불황에 대비하는 현명한 투자, Bizwatch, 2019. 9. 2.(월) — 37
9. 기금형 퇴직연금 도입과 투자 손실 책임론, Bizwatch, 2019. 7. 3.(수) — 41
10. 뉴노멀 시대 투자 왜 장기 분산인가?, 대한금융신문, 2017. 8. 18.(금) — 46
11. [인터뷰] 〈KIC 출신이 만든 글로벌 펀드〉, 연합인포맥스, 2014. 11. 17.(월) — 50
12. 멀티에셋 전략 선구자의 조언, Bizwatch, 2018. 4. 16.(월) — 55
13. 5년 맞은 TDF 원조… 승부사의 집념, Bizwatch, 2019. 10. 1.(화) — 62
14. "TDF 6년, 이제 차별화를 논할 때", Bizwatch, 2020. 10. 7.(수) — 69
15. Default Option 펀드의 전략배분, Bizwatch, 2019. 9. 18.(수) — 75
16. 코로나 적응을 위한 포트폴리오 전략, Bizwatch, 2020. 7. 28.(화) — 79
17. 메가 트렌드 주도 종목을 위한 상향식 접근, Bizwatch, 2020. 5. 25.(월) — 83

18. 디지털 자이언트와 사회적 책임 기업, Bizwatch, 2020. 6. 30.(화) ... 86

19. 코로나 이후 코리아 디스카운트 해소 가능성, Bizwatch, 2020. 5. 11.(월) ... 89

20. 코로나는 인프라 확대의 촉매, Bizwatch, 2020. 4. 7.(화) ... 92

21. 자산배분은 '또 하나의 자산', Bizwatch, 2020. 1. 28.(화) ... 96

22. 2020년, 새로운 10년을 대비하는 운용전략, Bizwatch, 2019. 12. 2.(월) ... 100

23. 새해를 위한 포트폴리오 운용: 리밸런싱, Bizwatch, 2019. 11. 5.(화) ... 103

24. "미국 금리 인상되면 변동성 폭발… 자산배분 실패하면 큰일",
머니투데이방송(MTN), 2016. 10. 18.(화) ... 107

25. "금리 인상 대비 대체투자 늘려야", 서울경제, 2015. 5. 21.(목) ... 112

26. 불안한 증시… 변동성 잡는 펀드 전략은?,
머니투데이방송(MTN), 2018. 10. 16.(화) ... 114

27. 글로벌 자산배분 투자의 '오해와 진실',
최재원 증권부 기자, 매일경제, 2017. 3. 20.(월) ... 121

28. 단일펀드론 한계 '多 담는 멀티에셋' 어떨까?,
강봉진 기자, 매일경제, 2014. 8. 21.(목) ... 132

29. "글로벌 변동성 확대… 단기투자전술 필요",
이가희 기자, 매일경제, 2015. 5. 21.(목) ... 136

30. TDF만으로 퇴직연금 운용 가능,
이충우 기자, 머니투데이방송(MTN), 2018. 5. 23.(수) ... 139

2부 첨성대에서 월스트리트, 그리고 여의도
: 한 펀드매니저의 삶을 통하여 한국 증권시장의 국제화 과정을 조명

1. 경주, 부산 그리고 서울 — 145
2. 서울대 경영학과, 석사 장교 대신 카투사에 자원입대한 이유 — 147
3. 졸업 논문, 증권시장의 효율성 — 151
4. 자본시장 국제화를 선도하는 대우증권 국제본부 — 153
5. 코리아펀드 출범 — 157
6. 외국인 주식 투자 한도가 만든 2개의 주식시장, 내국인과 외국인 — 162
7. 월가 베테랑 헤지펀드에서 배운 종목 선정 기법(PEG) — 166
8. 한국의 IMF와 월스트리트, 대량 주문과 "IMF는 신의 축복" — 170
9. 대우증권에서 한빛투신운용 — 177
10. 대우그룹의 해체, 발로 담는 주식 — 180
11. 닷컴 버블 붕괴, 시장의 폭락 속 대박 — 184
12. 국책은행 자산운용사 최고투자운용역(CIO) — 188
13. 청산 대상 운용사가 종목 선정 기법(PEG)으로 기사회생 — 191
14. 투자자문사 최고투자운용역(CIO) — 196
15. 등산화 구입 — 198
16. 정통부 자금운용지원팀장, 전략적 자산배분(Strategic Asset Allocation) — 199
17. 440조 클럽의 유럽탐방, 중앙인사위원회 우수연수프로그램상 — 204

18. 글로벌 금융위기의 격랑	207
19. 자금운용의 사회적 책임(ESG)	210
20. 글로벌 금융위기와 한국투자공사(Korea Investment Corporation)	216
21. 떨어지는 칼, 그리고 전술적 자산배분(Tactical Asset Allocation, TAA)	218
22. MBA, 재충전의 시간	220
23. 외부용역 없는 'Vision2020'	224
24. 논란의 중심에서 찬사의 대상으로	231
25. 해외투자를 선도하는 국부펀드	233
26. 이상 조짐	235
27. 하나UBS 글로벌운용본부장이 되어 다시 여의도로	239
28. 자산배분형 펀드와 종목 선정 기법(PCQ)	242
29. 국내 최초 목표 연도 펀드(Target Date Fund, TDF) 설정	244

에필로그

1부

시장과
펀드 운용

: 자산 시장의 주요 변화에 대한
펀드매니저의 판단과 대응

1
전략과
전술에 능한 투자

Bizwatch, 2019. 10. 14.(월)

▎시장 상황에 맞는 전술적 자산배분 중요

내가 30년 넘게 몸담고 있는 증권시장은 '두뇌의 전장'이라고 생각한다. 주가는 치열한 전투의 '흔적'이며 매도와 매수의 논리적 타협의 결과이다.

전장과 같은 증권시장에 참여하려면 전략과 전술을 갖춰야 한다. 특히 요즘처럼 다양한 요인들과 시나리오들이 동시다발적으로 발생하는 시장에서 체계적인 전략과 전술이 필요하다.

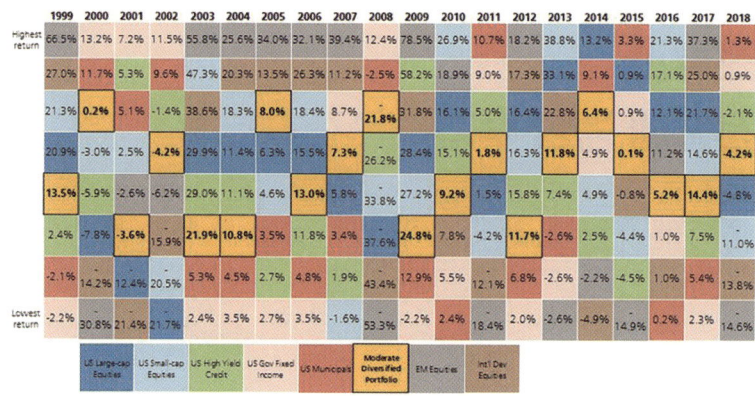

연도별 자산 수익률

위 표를 보면 해마다 각 자산의 수익률이 역동적으로 변하여 정확하게 예상하는 것은 불가능에 가깝다는 것을 알 수 있다. 이는 정보통신의 발달과 무관하지 않다고 본다. 증권 가격에 영향을 주는 다양한 요인들이 실시간으로 현금과 증권 보유자들에게 전달되면서 가격에 반영되는 속도가 가히 5G급이기 때문이다.

이처럼 자산의 선택과 진퇴 시점 결정이 어렵다면 어떻게 하는 것이 바람직할까? '전략'과 '전술'이 필요하다. 전략은 '어떤 자산들에 자산의 어느 정도를 투자할 것'인가를 정하는 소위 '전략적 자산배분'이다. 투자자가 얻는 총수익의 90% 이상을 결정하는 의사결정이다.

전략과 전술을 적용하는 과정이 '코어-새틀라이트(Core-Satellite)' 자산관리이다. 먼저 장기적으로 투자할 만한 자산들을 선정한다. 요리에 비유하자면 재료를 고르는 가장 중요한 단계다. 예를 들면 국내외 경제 성장의 수혜를 기대하기 위해 국내 주식/채권, 해외 주식/채권, 상장 부동산, 원유/금 등 상품(Commodities), 그리고 시장 방향과 관계없이 수익을 추구하는 헤지펀드(Hedge Fund) 등을 선택하는 것이다.

다음은 자산별 비중을 결정하는 단계이다. 다양한 방법들이 있지만 중요한 것은 어떤 가치를 기준으로 선택하는가이다. 각 방법이 추구하는 가치가 무엇인가를 정확하게 이해하는 것이 중요하며, 이는 장차 시장이 흔들릴 때 전략배분을 유지할 수 있는 든든한 버팀목이다. 가령, 각각의 자산들의 리스크 요인들, 즉 수익원들을 동일한 비중으로 투자하는 방법은 특정 요인에 대한 의존도를 낮추고 수익률의 변동성을 축소하여 장기투자를 가능하게 한다.

다음 과정은 시장 상황에 따라 각 자산의 비중을 조절하는 전술배분이다. 위에서 얘기한 '코어-새틀라이트'에서, '코어'인 전략배분을 기준으로 시장 상황을 반영해 '새틀라이트'인 개별 자산의 비중을 확대하거나 축소하는 것이다.

그런데 이러한 전술배분에는 반드시 상대 자산이 있어, 특정 자산의 비중을 늘리기 위해 다른 자산의 비중을 줄여야 한다. 경험적으로 특정 자산의 가격이 올라갈지 내려갈지를 판단하는 것보다 어떤 자산 대비 상대적으로 더 올라갈지 여부를 판단하는 것이 정확하다.

현재 채택 중인 전술배분은 다음과 같다. 중앙은행들이 다시 양적완화 또는 비둘기적 통화정책으로 전환하고 있다. 증권시장에 유동성이 다시 증가한다는 의미이다. 이런 전망은 전쟁에 참가하고 있거나 관망 중인 사람들 사이의 치열한 논쟁을 자극할 것이다. 그 과정에서 현재의 증권 가격의 가치 대비 고평가 여부를 판단할 것이다.

현재 포트폴리오는 전략배분 대비 채권은 축소, 주식은 중립, 상장 부동산 특히, 인프라는 확대, 그리고 상품 중 금의 비중을 확대하고 있다.

2
'Beta* 에서 Alpha** 로' 투자 패러다임의 변화

Bizwatch, 2019. 7. 15.(월)

▍저성장 국면… 인덱스형에서 적극형 전환, 수익률 방어

2008년 금융위기 이후 글로벌 자본시장의 변화는 '중앙은행의 양적 완화'와 '저성장, 저금리, 저물가 등 소위 New Normal' 등으로 설명된다. 또한 실물 경기가 순환 주기의 후기 국면에 있다는 데에 공감대를 이루고 있다.

---

* 증권시장의 베타(β)는 금융에서 개별 증권의 가격 변동이 시장 전체의 가격 변동에 얼마나 민감하게 반응하는지를 나타내는 지표입니다. 베타가 높을수록 시장 변동에 더 민감하게 반응하며, 베타가 낮을수록 시장 변동에 덜 민감하게 반응합니다.

** 알파는 투자에 대한 능동적 수익률, 즉 해당 투자의 성과를 적절한 시장 지수와 비교한 지표입니다. 알파가 1%이면 특정 기간 동안 투자 수익률이 시장 수익률보다 1% 높았음을 의미하고, 알파가 음수이면 투자 수익률이 시장 수익률보다 낮았음을 의미합니다.

이런 가운데 미국, 영국, 일본 등이 주도하는 일련의 보호주의 정책들로 인해 경제 성장률의 둔화 가능성이 높아지고 있다. 자국 우선의 정책들은 필연적으로 글로벌 교역 규모를 축소시켜 경기 수축 국면을 앞당길 것이라는 우려감을 키운다. 금융위기 이후 실물 경제 부양을 위한 공격적 통화정책을 '정상화'하려는 중앙은행들의 시도가 인플레이션과 자국 우선의 통상정책 등으로 지연되고 있다.

지난 10여 년 동안 중앙은행들의 시장 친화적 통화정책으로 풍부해진 유동성이 글로벌 투자 세계에 가져온 현상들 중 하나가 '지수형 투자 상품에 대한 선호'이다. 국내와 해외 시장에서 다양한 자산별 지수들을 추종하는 ETF*에 대한 수요가 폭발적으로 늘어난 반면, 기업의 내재가치 분석으로 선택한 종목들로 지수 대비 초과수익을 추구하는 '적극형' 투자 상품들은 외면받아 왔다.

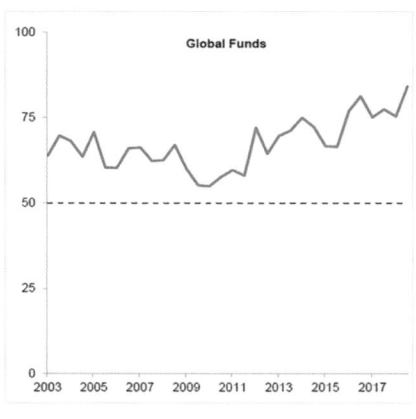

글로벌 펀드 중 지수 대비 부진한 펀드의 비중 추이(3년 Rolling 수익률 기준).
출처: SPIVA® U.S. Scorecard, 2018. 12.

---

* ETF란 Exchange Traded Fund의 줄임말로 특정 지수를 추종하는 인덱스 펀드를 거래소에 상장시켜 주식처럼 거래할 수 있도록 만든 펀드를 뜻합니다.

한편, 투자자들 사이에 글로벌 경제의 'R'에 대한 공포, 리세션(Recession)의 도래로 시장이 하락할 것에 대한 두려움이 투자 상품 선택의 Paradigm에 변화를 가져올 것으로 전망한다. 지수형은 베타 상품, 적극형은 알파 상품이라고 한다. 전자는 시장의 대표 기업들로 구성된 지수(Index)를 추종하면서, 지수의 종목별 비중 조정으로 운용 관련 비용을 보전하여 지수 대비 오차를 최소화하는 것이 목표다. 반면, 적극형은 기업별 투자 비중 조절과 함께 지수에 포함되지 않은 기업들로 포트폴리오를 구성해 지수 대비 초과수익을 창출하는 것이 목표다.

경제 성장의 둔화로 개별 기업들의 실적이 차별화되고 있다. 그리고, 중앙은행들은 경기 순환 주기에 선제적으로 대응하지 않고, 경기 지표에 의존한 정책 기조를 유지할 것으로 전망한다. 그 결과, 중앙은행들은 시장 친화적이지만 경기는 부진할 가능성이 있다. '지속 가능' 기업과 '지속 불능' 기업들 사이의 명암은 더욱 뚜렷해질 것이므로 상품 선택에 변화가 필요하다.

지수는 구성 기업들의 시가총액을 기준으로 설정되고 주기적으로 리밸런싱된다. 따라서 주가 상승으로 비중이 확대된 기업들은 더욱 많은 신규 자금의 투자 대상이 되어 계속 상승하기 마련이다. 그 결과 투자 스타일 팩터*들 중 가격 동향을 추종하는 모멘텀(Momentum)이 우선적으로 선택받아 왔으며, 이러한 경향은 투자 과정의 전산화 또는 인공지능화로 가속화되고 있다.

전통자산인 주식과 채권의 지수화가 대체자산인 부동산, 헤지펀드, 사모펀드 등에도 적용되어, 다양한 자산들에 대한 분산 효과에 투자자들의 관심이 모아지고 있다.

향후 중앙은행들의 통화정책이 정상화되고, 기대보다 실제 성장이 부진할 것에 대비해야 한다. 기업들의 '현금 창출 능력'의 차이에 대한 분석을 기반으로, 유동성 주도의 시장이 간과해 온 종목 선택 효과에 주목해야 한다.

---

* 증권시장에서 '스타일 팩터'는 투자전략을 수립하는 데 사용되는 중요한 요소입니다. 이 팩터들은 기업의 특성이나 시장의 상황 등을 반영하여 특정 스타일의 투자에 더 높은 수익률을 가져다줄 수 있다는 가정에 기초합니다. 가치, 규모, 모멘텀, 품질, 변동성 등이 대표적인 스타일 팩터입니다.

3
흔들리는 배에서
현기증이 날 땐 섬을 보자

Bizwatch, 2020. 3. 16.(월)

> **연준의 파격적 금리 인하에도 조심스러운 시장**
> **"반전이 가까웠다" vs "기다려라", 선택은?**

　미국 연방준비은행이 정책 금리를 제로 수준으로 낮췄다. 그것도 주말 저녁에 발표되었다. 지난번 0.5%포인트에 이어 1.0%포인트를 인하해 기준금리의 목표 범위가 0~0.25%로 하향 조정되었다. 금리 인하와 함께 단기 유동성 1조 5,000억 달러 공급에 더하여 장기 채권을 7,000억 달러까지 매입하는 양적 완화를 포함시켰다. 코로나가 가져올 영향을 그만큼 우려한다는 메시지이다.

　시장의 반응은 조심스러워 보인다. 발표를 반기는 주가 상승이 아니라 우려하는 하락의 모습이다. 급락장에 손이 잘 나가지 않는 것은 연준이 예상보다 적극적인 대책을 내놓은 데에 대한 '역설적 대응'이라고 해석하고 싶다.

코로나는 '유동성'으로 잡을 수 없다는 생각에 실탄을 아끼는 투자자도 있다. 문제는 시간이다. 이전의 위기 국면에서도 일련의 전개 과정들을 지켜보면서, 누군가는 반전의 시점이 가까웠다고 판단하고, 다른 이들은 반전의 기회를 초초하게 기다리고 있었다. 지금 위기 또한 다르지 않은 것 같다. 그리고 이 시점에도 누군가는 매도하고 다른 이는 그 가격에 매수한다.

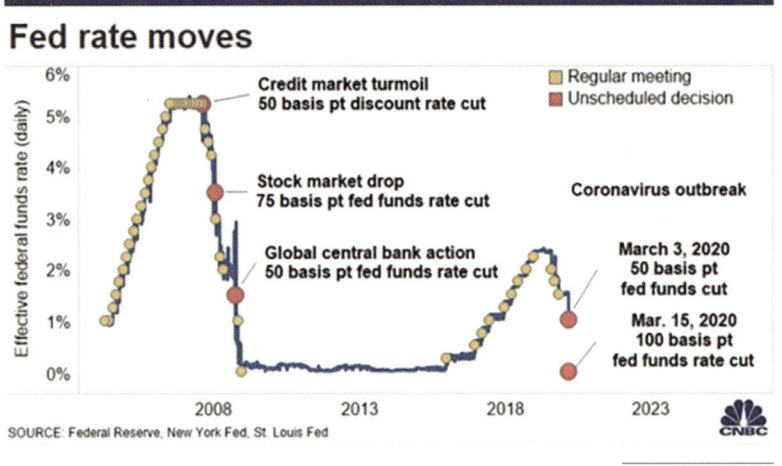

미국 연준의 기준금리 움직임

지금 두 가지 고민이 있다. 첫째는 전략적 자산의 비중을 바꿀 것인가, 둘째는 각 자산별 지수를 추종하는 오차, 즉, 추적오차(Tracking Error, TE)[*]를 최소화할 것인가이다. 이에 대하여 지난해 7월 〈'베타에서 알파로' 투자 패러다임의 변화〉에서 기술한 바 있다.

나는 지금 금융시장에서 느끼는 멀미를 다른 삶의 현장에서 경험한 적이 있다. 제주에서 바다낚시 체험을 위해 해안에 가까운 바다로 나갔던 때이다. 약 2시간 동안 흔들리는 배에서 '어서 뭍으로 돌아갔으면 좋겠다'는 나의 간절한 바람에도 불구하고, 다른 이들은 '왜 고기들이 물지 않지?'라며 수군거리고 있었다. 그때 누군가의 조언이 귀에 들어왔다. "뱃멀미가 날 땐 물과 배를 보지 말고 멀리 섬을 보는 것이 도움이 된다". 현 시장도 비슷한 상황이 아닐까 싶다.

---

[*] 증권시장에서 추적오차(Tracking Error, TE)는 펀드나 ETF의 순자산가치(NAV)가 추적하고자 하는 기초 지수 수익률과 얼마나 차이가 나는지를 나타내는 지표입니다. 즉, 펀드매니저가 얼마나 능동적으로 펀드를 운용했는지, 또는 ETF가 기초 지수를 얼마나 잘 따라가는지를 측정하는 데 사용됩니다.

4
풍랑 속에 선적 화물을 던질 것인가?

Bizwatch, 2020. 3. 3.(화)

현금 비중 확대 vs 추가 매수

 증시가 다시 급류를 만났다. 2000년 닷컴 버블 붕괴와 2008년 글로벌 금융위기 이후 21세기 들어 세 번째이다. 이전 두 번은 온전히 '인재'라 할만하다. 첫 번째가 인터넷이 가져다줄 미래를 보여주는 기업들을 과대평가한 것의 후유증이었다면, 두 번째는 주택 보유를 정책적으로 지원하는 과정에서 과도하게 신용을 사용한 탐욕의 결과였다.

 초기에 시큰둥하였던 유럽과 미국이 코로나바이러스에 반응을 보이고 있다. 방역은 정부의 대응에 따라 확산 정도가 좌우되고, 선거를 앞둔 국가에서는 국민의 관심을 끌기 위한 논쟁이 활발하다.

여의도는 시장의 움직임에서 메시지를 얻으려 한다. 그런 관점에서 진행 중인 코로나 사태는 이전과 다른 점이 발견된다. 미국과 유럽은 '코로나바이러스'의 새로운 종이 중국에서 발병하고 조기 방역이 실패한 것으로 판단하여, 중국인들의 입국을 막는 것으로 대응하였다. 그렇게 '바다 건너 불구경'하는 분위기 속에서도 주식시장들은 강세 국면을 이어갔다.

보유 중인 포트폴리오를 어떻게 할 것인가? 수익률과 관계없이 위험자산을 축소하여 현금 비중을 확대할 것인가? 중앙은행들의 적극적인 '비둘기 정책'들에 기대하여 보유 또는 추가매수 할 것인가?

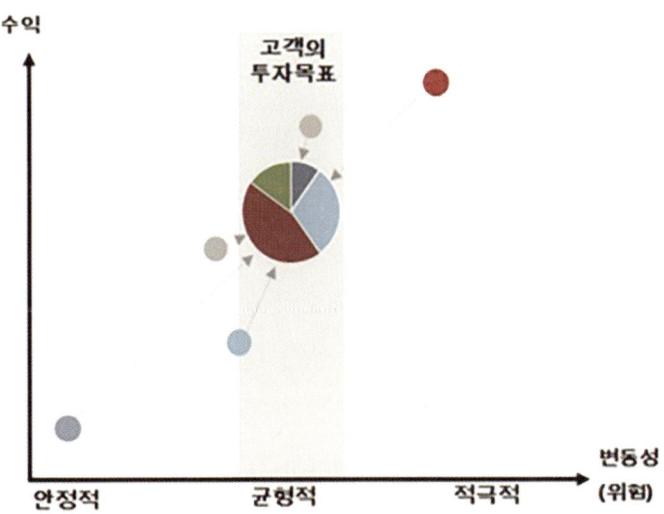

포트폴리오를 운용하는 것은 화물을 싣고 바다를 항해하는 것과 비슷하다. 수익을 창출하기 위해 보유하는 위험자산은 선박에 실은 화물과 같다. 목적지에 도착하면 운송 대금을 받듯 수익을 창출한다. 지금 높은 파고와 강한 폭풍으로 배가 크게 흔들리고 있다.

모든 배가 목적지를 정하고 항해하듯 포트폴리오 또한 목표로 정한 수익률과 위험이 있다. 설정 당시 수십 년 동안의 수익률과 표준편차 등을 활용한 '전략적 자산배분'의 산물이다. 그 자산배분의 설정 과정에서 이번 사태와 같은 국면들이 반영되었는가 여부를 점검하여야 한다. '그렇다면' 목표를 향하여 화물을 싣고 가야 한다. '그렇지 않다면', 유사 국면의 데이터들을 반영하도록 기간을 연장하여 '전략적 자산배분' 시스템을 재가동해야 한다.

5
곰과 황소가 넘치는 시장

Bizwatch, 2020. 6. 9.(화)

▌단기는 곰, 장기는 황소

미국의 전미경제연구소(National Bureau of Economic Research, NBER)가 불황을 공식적으로 판정했다. 지난 2월을 정점으로 2차 대전 이후 최장인 128개월 동안 이어져 온 확장 국면이 마감되었다고 한다. 전례 없는 실업에 따른 실물 경제 침체를 원인으로 들었다.

골드만삭스에 의하면 1800년대 중반 이후 어떤 경제 불황도 6개월 이내에 끝나지 않았다. 그런데 대부분의 이코노미스트들은 이번 불황이 2분기에 끝날 가능성이 높다고 전망한다. UBS가 최근 전망한 글로벌 경제 전망도 이와 궤를 같이한다.

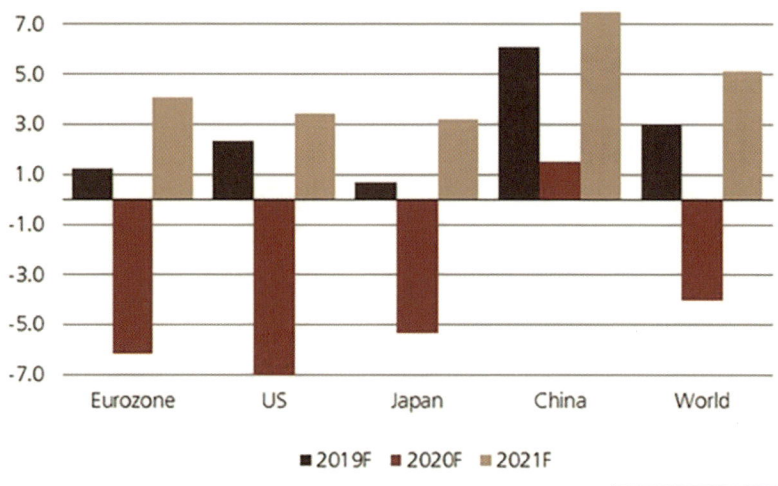

지역별 경제 성장률, 출처: UBS

    NBER의 판정은 시장의 부정적인 전망을 확인하였다. 그리고, 2분기 최악의 성장률 이후 3분기부터 재확장할 것이라는 전망도 있다.

    주식시장에는 곰과 황소들 사이의 공방이 치열하다. 데이터와 내러티브들이 엇갈리며 승패를 가늠하기 어렵다. 투자 기간에 따라 곰과 황소에 대한 소위 '베팅'이 다르다. 6개월에서 1년 미만 단기자금은 곰을 선호하고 1년 이상 자금은 황소를 선택하는 것 같다. 후자는 자금의 수명이 긴 연기금들이며, 전자는 개인과 일반 법인 등 일반 투자자들이다.

    그런데, 연기금과 같이 수명이 긴 자금이라도 매니저는 단기성과의 영향을 받으므로 곰이 될 수 있다. 해외 연기금들에 대한 벤치마킹에서, 매니저의 임기가 국내보다 장기라는 사실에 깊은 인상을 받은 바 있다. 아시아의 한 공공기금의 운용책임자는 두 자릿수 임기를 마치고 운용회사를 설립하였고 그 기금으로부터 운용 자금을 수탁하였다.

일반인이라면 투자 자금의 현금화 시기에 따라 전략적 배분을 설정하여야 한다. 그 목표 포트폴리오의 자산의 비중을 확대 또는 축소할 것인가를 판단하는 것이 투자결정의 부담을 덜어줄 것이다.

6
공포는 투자 패턴의 변화를 낳는다

Bizwatch, 2020. 2. 27.(목)

▌변동성 급증… 유동성에 기댄 투자에 변화

    중앙은행의 통화정책과 정부의 재정정책이라는 양 날개로 상승하던 주식시장이 '역풍'을 맞은 국면이다. 시장 변동성을 보여주는 CBOE Volatility Index(VIX)* 는 최근 5일 동안 약 85%가 올라 투자자들의 '공포'를 보여준다.

    아시아에 이어 유럽과 미국에서도 COVID-19 확진자 수가 증가하고 있다는 소식이다. 실물 경제에 대한 영향이 어떻게 나타날까?

---

*   시카고 보드옵션거래소(CBOE) 변동성 지수는 1993년 Cboe Global Markets, Incorporated(Cboe) 에 의해 도입되었습니다. 간단히 'VIX'라고 하는 이 지수는 미국 주식의 핵심 지수인 S&P 500지수 (SPX)의 내재 변동성을 측정하는 시장 지수입니다.

그리고 시장은 어떻게 반영할까? 확진자 수는 언제 정점을 보일까? 수많은 의문들이 혼란스럽게 만드는 지금, 위험자산을 보유하고 있는 투자자는 어떻게 해야 할까?

먼저, 보유 자산들을 점검하여 향후 상당한 확률로 일어날 위험에 취약한 자산들을 줄여야 한다. 가령, 지난 10여 년 동안 두 정책들의 수혜로 크게 수익 난 자산들은 축소하는 것이다.

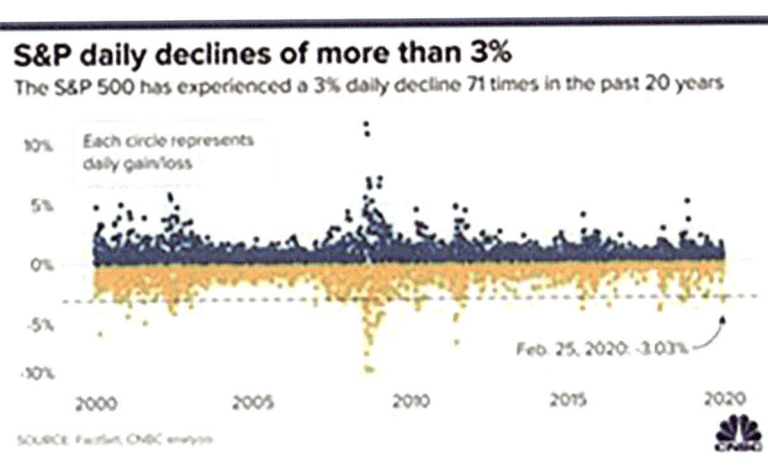

시장이 구조적인 변화를 겪는 과정에 예외 없이 목격할 수 있었던 것은 변동성의 급등이다. 지난 월화 이틀간 미국 3대 지수들이 약 3%씩의 하락을 보였다. 연율화 하면 약 48%씩 하락한 것으로, S&P 500은 지난 20년(약 5,000일) 동안 3% 이상 하락한 경우는 일흔한 번으로 1.4%의 발생 확률이다.

이 정도의 변동성은 통화와 재정으로 해결하기 어려울 것 같다는 공포감이 반영된 것이 아닐까. 그래서 유동성에 기댄 투자 관행에 변화가 발생할 가능성이 높다. COVID-19 진정 이후 나타날 투자 성향은 어떨까?

공포를 체험한 이후 투자자들의 심리는 위험에 대하여 높은 보상을 원할 것이다. 기대 수익의 실현 가능성에 대한 꼼꼼한 점검이 이어질 것이며, 위축된 투자와 소비 심리 속에서 수요가 따를 것이라 예상되는 섹터 또는 기업들을 선호하게 될 것이다. 그런 다음, 현재 가격 대비 미래의 현금 흐름이 적정한지, 자산별 기본적 분석의 잣대들이 재활용될 것이다.

7
유동성 있는 대체투자를 눈여겨볼 때

Bizwatch, 2020. 1. 10.(금)

> G4의 유동성 공급, 중동 리스크에도 견조
> 시장 기조의 변화를 주시해야… 현금화 용이한 자산에 주목

경자년 새해 글로벌 증시는 미국과 이란의 무력 충돌이라는 사건으로 막을 열고 있다. 미국과 중국의 무역분쟁이 오는 15일 1차 합의로 그 영향력이 약화되고, 영국의 유럽연합(EU) 탈퇴 가능성이 보수당의 총선 압승으로 기졌고, 중동발 지정학적 위기는 시장의 변동성을 확대하고 있다.

그런데 이상하다. 글로벌 증시는 전쟁 발발 가능성이 낮다는 전망에 지난 금요일 급락 후 연말의 상승 랠리를 이어가고 있다. 왜일까?

이 같은 의문은 중앙은행들의 유동성 공급정책으로 풀어진다. 미국을 제외한 선진국들의 정책 금리는 이미 제로 수준에 머물고 유동성은 확대되고 있다.

미국 연방준비은행은 시장이 주목하지 않던 단기자금 시장의 경색을 해소하기 위해 유동성을 공급하여 연준의 자산규모가 2019년 9월 이후 4조 달러를 넘겼다. 유동성은 주가를 상승시키고, 양호한 고용 시장 속에 강한 소비 심리는 수입품에 대한 소비를 증가시켜 대미 수출 국가들로 유동성이 흘러가고 있다.

중국은 어떠한가? 연초 인민은행은 지급준비율을 인하했다. 부진한 수출을 만회하기 위해 내수를 지원하는 유동성을 공급하고, 시장은 추가 인하를 기대하고 있다. 중국은 올해 성장률이 중요하다. 인민들에게 약속한 연평균 6.0%를 달성해야 한다. 미국과 1차 무역 협상을 이뤘지만 추가 협상은 험난해 보인다. 도널드 트럼프 대통령은 11월 대선 이후로 협상을 지연시킬 모양새다.

유럽과 일본 또한 크게 다르지 않다. 유럽중앙은행(ECB)은 실물 경제 회복을 지원하기 위하여 유통 시장의 채권 매입으로 유동성을 공급하고, 일본은행(BOJ)은 양적 완화 정책에서 변화의 조짐을 보이지 않는다.

이와 같이 G4(미국, 유럽, 일본, 중국) 중앙은행들이 비둘기적 정책 기조를 유지하는 배경은 무엇일까? '저성장'과 '저물가'가 지속될 것이라는 데에 공감하기 때문일 것이다. 또한, 기술 발전으로 저임금 노동력에 대한 대체 수단이 늘어나 인건비 부담이 낮아졌고, 베이비 부머들의 은퇴로 소비 성향이 낮아져 수요가 견인하는 물가 상승이 높지 않을 것으로 전망하기 때문이다.

자산 가격을 결정하는 핵심 요인은 유동성이다. 그 유동성이 확대되고 있는 2020년 1월의 시장은 강세이다. 그러나, 이 시점의 현명한 투자는 유동성이 정체 또는 감소할 것에 대처하는 자산들로 시장에 머무는 것이다.

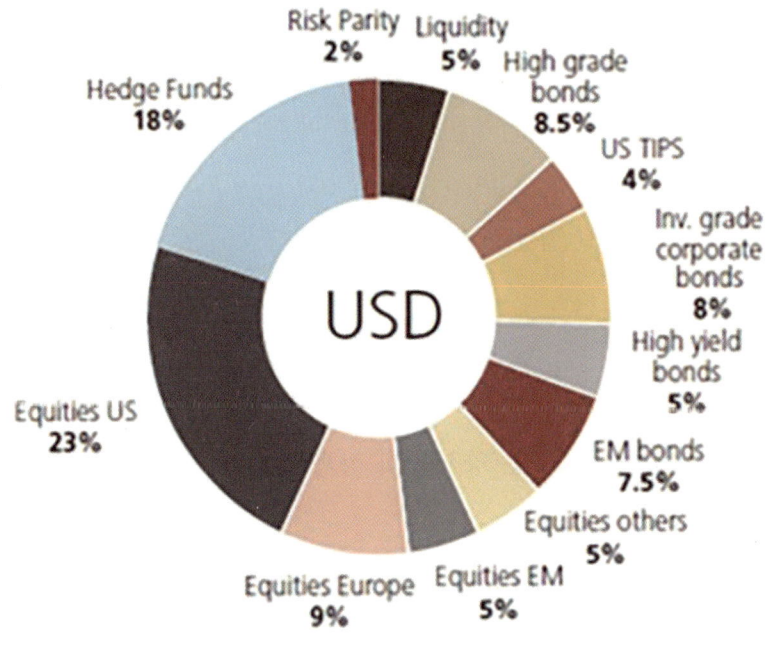

글로벌 포트폴리오 사례, 향후 7년, 연평균 기대 수익률 5.1%/변동성 7.9%, 출처: UBS Wealth Management

지난해 강세를 보인 주식과 채권 시장에 머물거나 진입하려는 투자자들의 불안감이 높다. 유동성이 증가하는 동안 투자자들은 높은 수익을 추구하거나 안정적인 수익률을 기대한다. 지금 유의해야 할 점은 중앙은행들의 기조 변화이다. 2019년 3분기까지 연준은 보유자산을 축소하고 있었다. 국채와 모기지 증권의 만기가 돌아올 때 현금으로 상환받음으로써 시중의 유동성을 축소해 왔다. 경제 성장률이 반등하고 인플레 압력이 높아질 것에 대비하자는 것이다. 그런데 중동 사태가 유동성 축소 시기를 늦추게 될까?

이상을 종합하면, 올해 시장 전략 중 '현금화가 용이한 자산들로 구성된 포트폴리오'가 바람직하다. 다양한 자산들에 대한 분산 효과로 시장의 높은 변동성에 대응하면서, 유동성에 의한 가격 상승 또는 배당을 노리는 포트폴리오가 필요한 시점이다.

8
불황에 대비하는 현명한 투자

Bizwatch, 2019. 9. 2.(월)

위험자산에 분산 투자 하는 장기펀드

최근 미국의 장단기 금리 역전으로 경기 침체 우려가 제기되고 미중 간 무역분쟁에 따른 불확실성이 지속되면서 불황에 대비하는 것이 필요한 시점이다.

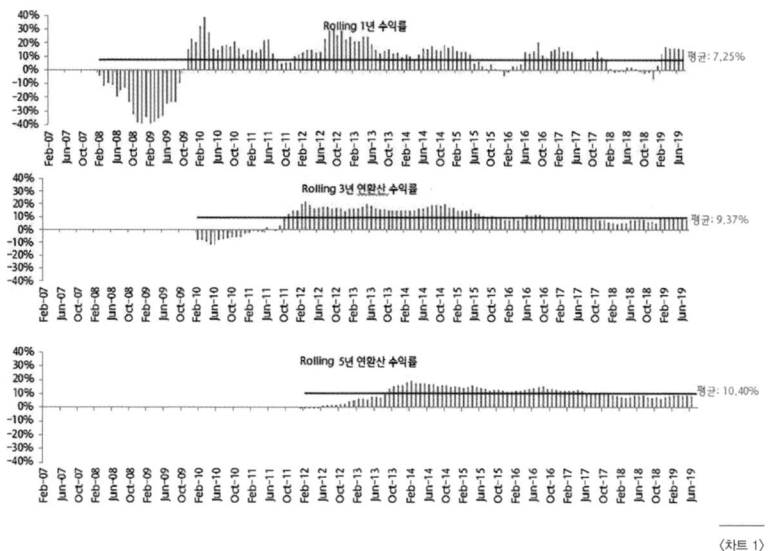

〈차트 1〉

〈차트 1〉은 운용 중인 펀드에 2007년 3월부터 매월 초 투자하여 1년, 3년, 5년씩 보유한 후 환매한 수익률 즉, 롤링(Rolling) 기준 1년, 3년, 5년 연 환산 수익률이다.

'블랙 스완'으로 불리는 세기적 불황을 1년여 앞둔 2007년 3월 초에 투자한 경우, 1년 수익률은 -4.1%, 3년 수익률은 연 -8.2%, 그리고 5년 수익률은 연 0.0%이다.

특히 1년 보유 수익률이 가장 낮은 투자는 2008년 1월 초에 시작한 -38.9%이었는데, 2년을 더 보유하고 3년 후 환매한 수익률은 연 9.3%, 그리고 5년 후 수익률은 연 15.9%를 기록하였다.

⟨차트 2⟩는 동일한 펀드 수익률들의 분포를 보여준다. 1년 수익률이 -37%에서 41%까지 폭 넓게 퍼져 있는 데 비해, 3년으로 늘어남에 따라 수익률들은 연 -10%에서 연 23%로 폭이 좁아진다.

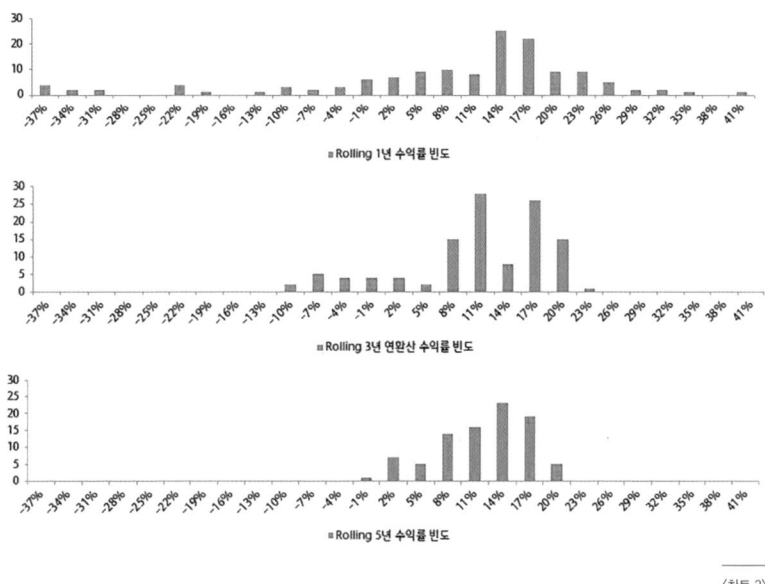

⟨차트 2⟩

5년의 경우 연 -1%에서 연 20%로 수익률의 편차가 작아져, 5년 투자한 90회 중에서 손실을 기록한 경우는 1회로 전체의 1.1%에 불과했다. 즉, 보유 기간이 1년에서 3년, 5년으로 늘어나면서 평균 수익률은 증가하고 손실 발생률은 낮아졌다.

결국 ⟨차트 1⟩과 ⟨차트 2⟩가 우리들에게 주는 시사점은 다음과 같다.

첫째, 불황에도 불구하고 5년 이상 장기 보유할 수 있는 펀드를 발굴하여 투자하는 것이 필요하다. 저성장, 저금리 국면에서 인플레이션보다 낮은 수익률을 극복하는 방법은 위험자산에 분산 투자 하는 것이다.

위에서 예시한 펀드는 실제 운용 수익률을 기준으로 글로벌 금융위기 1년 전에 시작했어도 5년 후 수익률이 플러스로 전환하여 현재까지 높은 수익률을 실현 중이다.

둘째, 장기에 대한 거시적 안목이 필요하다. 지난 2008년 금융위기에 휩싸였던 글로벌 경제는 중앙은행들의 동시다발적 대규모 통화 공급으로 성장 국면을 이어왔다. 그러나 자국 보호주의 정책들의 추진으로 글로벌 교역 규모가 축소되고 관세를 비롯한 규제에 따른 마찰 비용*이 증가하면서 성장의 지속성이 위협받고 있다.

이런 불안한 국면에서 장기적으로 성장할 수 있는 분야를 발굴해 긴 수명의 자금을 투자하는 것이 현명하다. 지표면에서 알 수 없던 남미 페루 나스카 평원의 문양들이 경비행기를 타고 높이 올라가면 무엇인지 알게 되는 것처럼 멀리 크게 보자.

---

* 마찰 비용은 상품이나 서비스를 거래하거나 시장에 참여할 때 발생하는 추가적인 비용을 의미합니다. 투자, 거래, 이직 등 다양한 상황에서 발생할 수 있으며, 투자수수료, 거래 비용, 정보 탐색 비용 등이 이에 해당합니다.

9
기금형 퇴직연금 도입과 투자 손실 책임론

Bizwatch, 2019. 7. 3.(수)

▎낮은 수익률 극복을 위한 변동성 감수로 접근해야

기금형 퇴직연금 도입이 다시 추진된다는 소식이 전해지면서 업계와 학계 등으로부터 다양한 의견들이 나오고 있다. 그 가운데 시선을 끄는 주장이 있어 소개한다.

"금융위기 때 퇴직연금을 펀드에 넣었다가 손해 본 투자자들이 많다. 이들은 원금 보장이라도 받기 위해 퇴직연금상품으로 예금을 선택한다. 주식 투자 비중을 높이려면 운용사 스스로가 펀드에 대한 신뢰부터 회복해야 한다"

우리나라 국부펀드인 한국투자공사에 근무할 당시 해외 주식과 같은 위험자산에 투자하는 비중이 해외 채권 등 안전자산보다 높은 시기가 있었다. 당시 공사의 전략적 투자 비중은 주식 60%, 채권 40%였다. 국회에서 "소중한 세금으로 조성한 자금을 어떻게 채권보다 주식에 더 많이 투자할 수 있느냐, 위험하게 운용하는 것 아니냐"는 질문을 받곤 했다.

주식 투자에 따르는 변동성은 투자 기간이 늘어날수록 채권보다 작아지는 것으로 알려져 있다. Jeremy Siegel* 미국 와튼 스쿨 교수는 주식에 1년간 투자할 때 수익률 변동성은 18%가량이지만 20년 이상 투자할 경우 변동성이 채권보다 낮아진다는 점에 주목했다.

따라서 20년 이상 장기간 투자할 자금이라면 채권보다 주식에 투자하는 것이 위험 대비 수익률을 높이는 현명한 방법이라고 할 수 있다.

---

* 제러미 제임스 시걸(Jeremy James Siegel)은 미국의 경제학자로, 펜실베이니아대학교 와튼 스쿨의 러셀 E. 파머 금융학 명예 교수입니다.

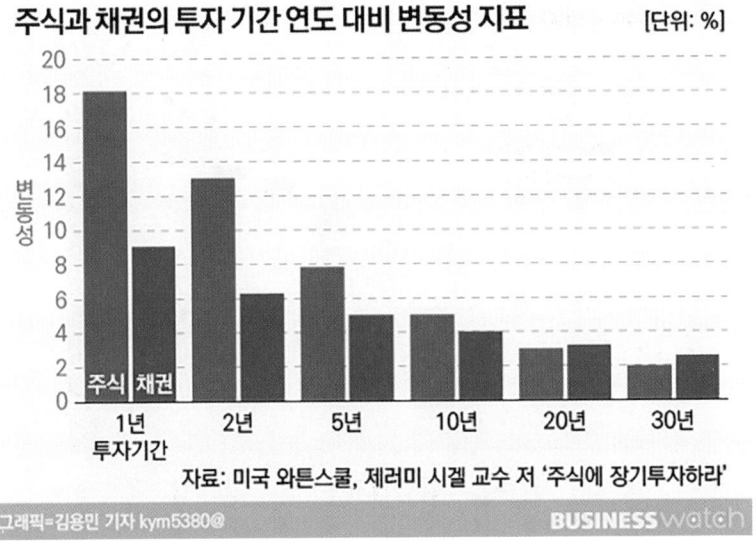

장기투자와 함께 자산을 분산하면 변동성을 더 줄일 수 있다. 여러 자산에 분산 투자 할 경우 총수익률은 각 자산 수익률의 투자 비중만큼 거두게 된다. 그러나, 변동성은 자산 수익률 간 상관관계가 낮을수록 작아진다. 이른바 '포트폴리오 분산 효과'다. 수익에 따르는 위험을 부담하지 않는다는 점에서 '공짜 점심'이라고 한다.

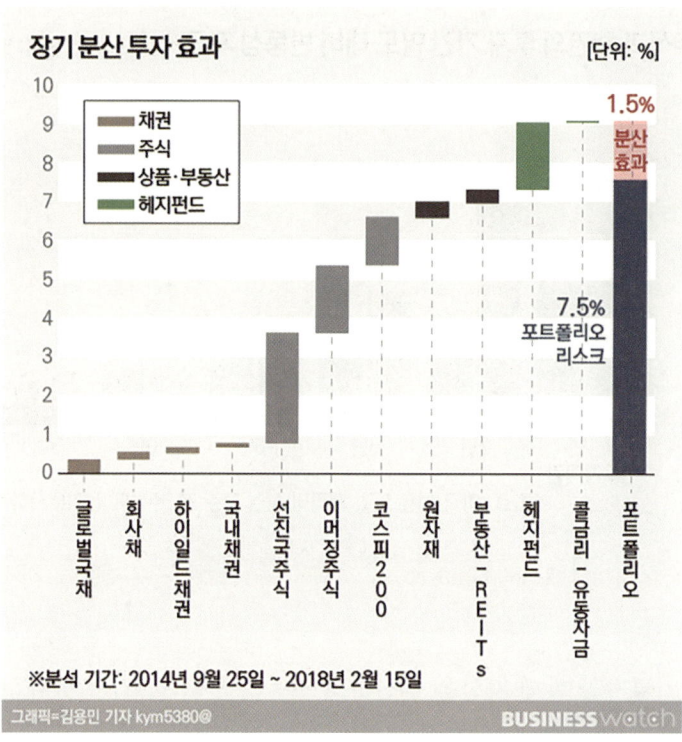

그렇다면 장기 분산 투자가 퇴직연금의 손실 우려를 어떻게 덜어줄 수 있을까. 한 가지 시뮬레이션을 소개한다. 아래 차트는 멀티에셋으로 구성한 포트폴리오다. 2002년 1월부터 2017년 1월까지 15년 동안 각각 3, 5, 7년씩 투자했을 경우의 수익률을 나타낸다. 투자 기간이 길어질수록 손실폭이 작아지는 것을 알 수 있다.

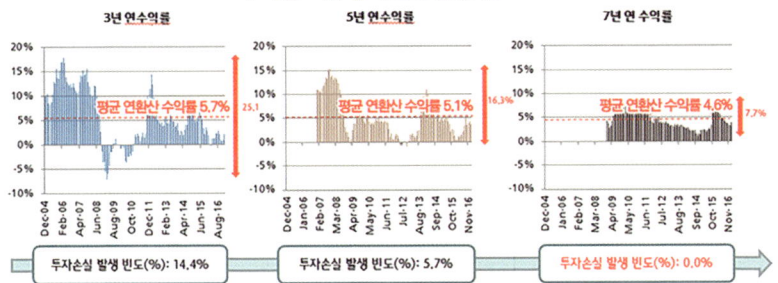

"투자 손실을 누가 책임질 것인가?"라는 질문으로 돌아가 보자. 투자에 대한 책임은 투자자에게 있다. 퇴직연금 DB(Defined Benefit, 확정급여)*는 회사에, DC(Defined Contribution, 확정기여)** 형은 근로자에게 각각 책임이 있다.

결국 손실의 위험을 감수하지 않는다면 낮은 수익률을 감내해야 한다. 따라서 "누가 투자 손실에 대한 책임을 질 것인가?"라는 질문은, "낮은 수익률을 극복하기 위해 높은 위험(변동성)을 어떻게 감수할 것인가"라는 질문으로 바뀌어야 한다.

---

* DB(Defined Benefit, 확정급여)는 퇴직 시 받는 퇴직금의 수준이 사전에 결정되어 있는 퇴직연금제도입니다. 근속연수, 평균임금 등 특정 기준에 따라 퇴직금이 미리 계산되어 확정되며, 기업은 이 금액을 지급하기 위해 금융기관에 적립금을 납입하고 운용합니다.

** DC(Defined Contribution, 확정기여)는 사용자가 매년 근로자의 연간 임금 총액의 1/12 이상을 퇴직연금 계좌에 적립하고, 근로자가 적립된 금액을 직접 운용하는 제도입니다. 퇴직 시에는 적립금과 운용 결과가 합산되어 일시금 또는 연금 형태로 지급됩니다.

10
뉴노멀 시대 투자
왜 장기 분산인가?

대한금융신문, 2017. 8. 18.(금)

최근 투자 대상 자산의 선정이 어려워지면서 복수의 자산들에 투자하는 멀티에셋(Multi-asset) 펀드들이 연이어 설정되고 있다.

그 배경은 첫째, 단일 자산 투자에 따르는 높은 변동성을 회피하면서 안정적으로 수익을 창출하려는 목적이다.

둘째, 시장들 사이의 상관관계가 높아지면서 국내 경제 또한 저성장·저금리·저물가 등으로 특징 지어지는 뉴노멀의 영향권에 들게 됐기 때문이다. 과거 이머징의 선두 주자였던 시기의 높은 국채 금리가 미국의 국채 금리 수준으로 낮아지고, 나아가 달러 국채 투자에 따른 환위험을 헤지(Hedge)하기 위해 비용을 지급하는 상황에 이르렀다.

셋째, 해외 자산들에 대한 투자를 지원하는 운용인력이 양성되고, 결제시스템 같은 시스템 등이 갖춰지게 된 것 등이다.

▌분산과 장기의 효과

다양한 자산들에 대한 분산을 실현하기 위한 포트폴리오 투자는 투자 기간의 장기화에 기여할 것으로 기대된다. 때마침 노후 자금을 마련하기 위한 연금제도의 개혁 움직임과 맞물리면서 장기적으로 안정적인 수익을 올리기 위한 민관 공동의 노력이 진행되고 있다. 고객의 투자 기간이 장기화함에 따라 그동안 단기성과에 주력하는 과정에서 간과됐던 다양한 투자 기법들이 개발되고 있는 것이다.

이와 같이 장기간 안정적으로 수익률을 제고하기 위한 포트폴리오 투자의 최대 장점은 '투자 타이밍의 극복'을 들 수 있다. 최근 자산 가격들이 고평가되어 시장 진입 시기를 두고 많은 견해들이 나오고 있는데, 장기간 투자할 자금이면 시점과 관계없이 투자하는 것이 현명하다.

연금과 같이 장기간에 걸쳐 무위험자산보다 높은 수익을 추구하는 투자자라면 타이밍보다 포트폴리오의 위험조정 수익률*에 주목해야 한다. 국내외 멀티에셋 포트폴리오의 분산 효과를 활용해 위험 대비 높은 수익률을 창출하는 데에 집중하는 것이 중요하다.

멀티에셋 투자를 어떻게 할 것인가?

장기투자를 위해서는 먼저 투자 재원의 수명, 즉 자산에 투자될 수 있는 기간을 설정하고, 거시적·미시적 환경 변수들을 반영한 목표 수익률을 설정하는 것이 필요하다. 목표 수익률은 조달 자금의 비용과 투자 목적에 따라 결정하는 것으로 수익추구에 따르는 위험, 즉 변동성을 동시에 고려해야 한다.

투자 수단으로는 최근 보편화되고 있는 '상장지수 펀드(Exchange Traded Fund, ETF)'가 유용하다. 자산별, 지역별, 전략별로 다양한 ETF 들이 멀티에셋 포트폴리오 운용의 대상이다. 적극운용 펀드(액티브 펀드)들에 비해 비용이 저렴하며 자산배분에 필수적인 유동성이 뛰어나다는 장점을 갖추고 있어, 거시분석에 따른 전술적 배분을 추구하는 투자자들에게 유용한 수단이 되고 있다.

---

* 위험조정 수익률은 투자의 수익률을 평가할 때 투자에 따른 위험을 고려하여 수익률을 조정하는 지표입니다. 즉, 위험 1단위당 기대 수익률을 나타내며, 펀드 성과를 비교하거나 투자 포트폴리오를 구성할 때 유용하게 활용됩니다.

끝으로 멀티에셋 투자에서 간과하지 말아야 하는 점은 주기적으로 목표 자산배분 비중으로 실제 자산 비중을 재조정하는 것이다. 이는 투자의 성공 원칙인 '저가매수, 고가매도(Buy Low, Sell High)'를 실천하는 것이다.

11
[인터뷰]
<KIC 출신이 만든 글로벌 펀드>

연합인포맥스, 2014. 11. 17.(월)

(서울=연합인포맥스) 정지서 기자 = 이장호 하나UBS자산운용 글로벌 운용본부장은 17일 "연기금 출신이 '기관에도 자신 있는 글로벌 펀드'를 만들었다"며 "글로벌 멀티에셋 투자의 정석을 보여줄 것"이라고 말했다.

이장호 본부장은 이날 연합인포맥스와 인터뷰에서 이같이 말하며 "위험자산 투자 프로세스가 망가진 투자가 운용시장에 너무 많다"며 "정통 투자, 특히 글로벌 멀티에셋에 있어 정통성을 가지고 꾸준한 성과로 투자자에게 보답할 것"이라고 강조했다.

그는 올해 9월 말 '하나UBS 행복Knowhow연금펀드'를 선보였다. 지난 4월 한국투자공사(KIC)에서 자리를 옮기고 나서 5개월간 공들인

그의 역작(力作)이다.

이 펀드의 출시 배경에는 김정태 하나금융 회장의 주문이 있었다. 최근 김 회장은 그룹 내 제대로 된 글로벌 자산배분 펀드의 필요성을 강조했다.

이에 진재욱 하나UBS자산운용 대표는 글로벌 운용 전문가로 정평이 난 KIC의 이장호 본부장을 떠올렸다. 시기적절한 러브콜이었다.

이 본부장의 합류를 계기로 하나UBS자산운용 내 글로벌운용팀은 본부로 승격됐다. 합작사인 UBS글로벌과도 본격적인 공조를 시작했다.

이 본부장은 "글로벌 펀드의 중요성과 필요성을 느낀 곳에 올 수 있었다는 점이 내게는 큰 행운이다"며 "어깨가 무거운 만큼 투자자들이 오랜 시간 믿고 맡길 수 있는 정통 운용을 선보일 계획"이라고 말했다.

그러면서 "연기금부터 개인까지 이제는 시중은행 금리의 두 배 수준 수익에 매우 목말라 있다"며 "리스크 상관관계가 낮은 자산들의 배분을 통해 변동성을 최소화하는 방식으로 확실한 책임운용을 실천하겠다"고 설명했다.

1961년생으로 서울대학교 경영학과를 졸업하고 고려대 경영대학원에서 석사를 받은 그는 대우증권 국제부에서 금융투자업계 첫발을 내디뎠다. 이후 한빛투신운용과 서울투신운용에서 주식 포트폴리오 운용총괄, 우정사업본부 예금보험 자금운용지원, 새마을금고 글로벌투자총괄 등을 수행하고, 한국투자공사(KIC)에서 투자전략팀장과 간접투자팀장, 기획부장 등을 역임하였다.

다음은 이 본부장과의 일문일답.

― 업계로 다시 나왔다. 소회는.

▲ 지난 6개월이 정신없이 흘렀다. 기관에 몸담으면서 투자 상품에 정통이 없다는 생각이 많이 들었다. 위험자산 투자 프로세스를 제대로 갖춘 곳이 드물다는 얘기다. 주식은 물론 채권도 한 곳에만 투자하면 변동성이 클 수밖에 없다. 그래서 멀티에셋에 대한 목마름이 있었다. 그 니즈를 직접 해결하는 중이다.

― 자신 있는 분야인 글로벌 멀티에셋 펀드를 출시했다. 어떤 펀드인가.

▲ 국내외 주식, 채권, 그리고 헤지펀드 등 대체자산에 투자한다. 예를 들어 향후 20년간 투자할 고객의 첫 5년을 살펴보면, 국내외 주식에 60%, 국내외 채권에 30%, 그리고 두 전통자산과 수익률의 상관관계가 낮은 대안투자에 10%를 투자한다. 주식에는 선진국와 이머징, 원자재, 리츠, 콜 등이 모두 포함되고, 채권에는 국내 국공채를 비롯해 해외 하이일드 등 모든 섹터가 포함된다. 이른바 전략

적 자산배분이다.

— 고객의 20년을 내다본다면 운용철학이 가장 중요할 텐데.

▲ 이 펀드의 운용철학은 단연 '리스크의 최소화'다. 국내외 주식, 채권에 대한 투자비중을 전략적으로 결정해 장기 수익을 추구하는 게 골자다. 자산은 시장 상황과 경기 순환 주기에 따라 투자 매력도가 달라진다. 각 자산의 투자비중을 전략적 비중 대비 확대 또는 축소해 변동성을 관리한다. 이를 위해 주식과 채권, 헤지펀드 등 각 섹터별 네 명의 매니저와 한 명의 트레이더로 운용조직을 구성했다.

— UBS글로벌과 본격적으로 공조하는 첫 번째 펀드라고 들었다.

▲ 그렇다. 하나금융그룹과 UBS글로벌이 함께 하나UBS자산운용을 소유한 지 8년의 시간이 흘렀지만, 그간 펀드 포트폴리오 운용을 실질적으로 공조한 사례는 없었다. '하나UBS 행복knowhow 연금펀드'는 UBS글로벌의 우수한 리서치 능력이 더해진 첫 번째 기념비적 상품이다. 그간 시중에 제대로 글로벌 시장에 투자하는 펀드는 없었다. 이 펀드는 글로벌 펀드 부문에서 시장에 새로운 펀드 스타일을 선보일 것이다.

— 기관 성격의 자금을 운용하는 곳에 많이 몸담았다. 누구보다 기관투자자의 입장을 잘 알 텐데, 이 펀드가 기관의 수요를 채워줄 것으로 보나.

▲ 충분히 메리트가 있다고 본다. 상관관계가 낮은 자산 배분을 통

해 변동성을 최소화하겠다는 다짐은 그만큼 투자자가 믿고 맡길 정도로 인력적, 전략적 세팅에 자신 있다는 얘기다.

— 베테랑 운용 전문가로서 시장과 업계에 하고 싶은 말이 있다면.
▲ 브라질 국채가 장기적으로 괜찮은 투자 상품임에도 시끄러운 이유는, 이 상품을 2년 만기 같은 단기 상품으로 투자하기 때문이다. 시장이나 업계가 올바른 방향으로 가기 위해선 투자자들이 '장기 지향성'을 추구해야 한다. 국내 운용업계는 성장산업이다. 하지만 그만큼의 신뢰를 받지 못하고 있는 것은 절대 수익에 대한 책임이 없기 때문이다. 고객의 돈을 관리하는 자(운용사)는 책임을 져야 한다. 그 책임이 우리가 원하는 꾸준한 절대 수익을 가져오는 열쇠다.

12
멀티에셋
전략 선구자의 조언

Bizwatch, 2018. 4. 16.(월)

| "변동성 이기는 코어-위성 전략으로 수익률 확보"

"파도가 높고 크게 출렁일 때 작은 초계함을 타면 현기증이 나서 결국 내리게 되죠. 하지만 큰 항공모함에서는 멀미가 덜 납니다. 멀티에셋 전략도 이와 비슷한 이치입니다. 시장 변동성이 높을 때 개별 자산별로는 마구 움직여 불안하지만 같이 가지고 있다면 덜 흔들리기 마련이죠"

이장호 하나UBS자산운용 전무(글로벌운용본부장)는 16일 비즈니스워치와 인터뷰에서 요즘 주목받고 있는 멀티에셋 펀드의 장점을 이 몇 마디에 명쾌하게 담아냈다.

지난해와 달리 올해 들어서는 시장 변동성이 부쩍 심해졌다. 시장이 흔들릴 때면 위험자산에서 달아나고 싶어진다. 그러면서 머니마켓 펀드(MMF)나 국공채에 기웃거리게 되는데 문제는 수익률이 1~2%에 불과해 물가 상승률까지 감안하면 실질 수익률은 제로(0)이거나 오히려 마이너스가 난다. 이런 상황에서 멀티에셋 전략이 빛을 발한다. 시장이 출렁거리는 와중에 비교적 안정적으로 위험자산에 머물러 있을 수 있는 전략이기 때문이다.

국내 멀티에셋 펀드 선구자

멀티에셋 펀드는 채권뿐 아니라 주식, 원자재, 리츠, 부동산, 헤지펀드 등 다양한 자산을 편입한 펀드를 말한다. 과거 여러 자산에 분산 투자 하는 것은 소수의 고액투자자만 가능했지만 자산배분 기능이 들어간 멀티에셋 펀드 출현으로 소액투자자도 펀드 가입을 통해 자동적인 자산배분이 가능해졌다. 하지만 국내에서는 꽤 오랫동안 멀티에셋 펀드가 주목받지 못했다. 대부분 개별 자산 펀드에 집중하고 단기 수익률에 치중했기 때문이다.

그러다 지난해 자산배분 펀드인 타깃 데이트 펀드(TDF) 열풍이 불고 최근 상장지수 펀드(ETF) 포트폴리오(ETF Managed Portfolio, EMP) 펀드가 하나둘씩 출시되면서 멀티에셋 전략도 자연스럽게 빛을 내고 있다.

TDF는 지난해에 본격적으로 판이 형성되기 시작했지만 이장호 전무는 멀티에셋 전략의 장점을 간파하고 일찌감치 관련 상품을 선보였다. 수년 전부터 멀티에셋 전략으로 운용돼 온 연금펀드인 행복노하우펀드는 지난해 행복한TDF로 옷을 갈아입었고, 운용 중인 하나UBS코어셀렉션펀드도 이달 초 첫돌을 맞았다.

코어셀렉션펀드는 1년 수익률이 7% 선에 달하며 양호한 성적을 달성했다. 지난해 시장이 워낙 좋은 탓 아니냐고 반문할 수 있지만 이장호 전무는 펀드 수익률뿐 아니라 5~6%에 불과한 변동성을 같이 봐야 한다고 강조했다.

요즘 주목받는 이유

멀티에셋 전략의 가장 큰 강점은 바로 낮은 변동성과 안정적인 수익률이다. 상관관계가 낮은 다양한 자산군을 편입하면서 포트폴리오를 구성하여 두 마리 토끼를 모두 잡을 수 있다는 것이다. 바로 분산 투자 효과다. 시장이 급락할 때 살아남을 자산이 없을 것 같지만 분산 투자는 마법을 발휘한다. 이 전무는 분산 투자야말로 투자자가 유일하게 누릴 수 있는 공짜 점심(Free Lunch)이라는 말이 있다고 귀띔했다. 특히 해외 주식이나 채권 등에 국한하기보다 헤지펀드나 상품 등 다양한 자산을 편입할 경우 효과는 극대화된다.

실제로 이장호 전무는 코어셀렉션펀드를 구상하면서 2002년 1월 ~2017년 1월까지 다양한 자산군에 투자했을 경우 각각의 수익률을 따져봤다. 놀랍게도 자산 가격이 40%나 폭락했던 금융위기를 포함하더라도 멀티에셋 전략으로 7년간 운용했을 경우 투자 손실이 없었다.

'계란을 한 바구니에 담지 말라'는 말로 유명한 분산 투자의 효과를 모르는 사람은 없다. 시장 변동성도 늘 존재했다. 하지만 과거보다 멀티에셋 전략이 훨씬 더 중요해진 데는 몇 가지 이유가 있다.

과거엔 단일 자산 펀드만으로도 수익률 내기가 수월했지만 이제는 쉽지 않아졌다. "과거엔 부동산 불패 신화로 자산의 상당 부분을 부동산에 투자하고 나머지는 공격적으로 투자할 수 있었지만 자산 시장의 패러다임이 이젠 바뀌었습니다"

채권도 마찬가지다. 국내 채권 수익률이 1~2%대 머물고 있는 것은 물론 2015년에는 해외 채권에서 손실이 났다. 채권도 더는 안전 자산이 아닌 셈이다.

코어-위성 전략에 안성맞춤

반면 멀티에셋 전략의 경우 낮은 변동성을 유지하면서 5% 선의 연평균 수익률이 꾸준히 나는 측면에서 매력적일 수 있다. 특히 최근처럼 변동성이 커졌다면 잠시 피해 있는 전략으로서 가능하다. 바로 코어-위성(Core-Satellite) 전략으로 활용하는 것이다. 코어-위성 전략은 말 그대로 중심 펀드를 설정하고 시장을 이길 수 있는 펀드들을 위성 전략으로 운용하는 것이다.

이장호 전무는 멀티에셋 펀드에만 투자하는 것도 방법이지만 코어-위성 전략이 멀티에셋 전략의 핵심 포인트라고 말했다. 여러 펀드를 활용하되 각각의 시장이 흔들리거나 수익률이 변변치 못할 때 현금화하기보다 멀티에셋 펀드에 투자하여 시장에 머물 수 있다는 것이다. 개인투자자뿐 아니라 은행 프라이빗뱅커(PB)와 기관투자가들의 고민을 덜어줄 수 있는 대안일 수 있다.

"가장 중요한 것은 시장에 머물러 있어야 한다는 것입니다. 멀티에셋을 고집하라는 게 아니라 단일 자산이 좋을 때 적극적으로 투자하다 시장이 불안해지면 멀티에셋으로 옮겨 어느 정도 수익률을 확보하는 것이죠"

전략 넘어 하나의 '자산'으로 자리 잡는 중

이장호 전무는 첫 직장인 옛 대우증권 근무 당시 뉴욕에서 오랫동안 근무하면서 해외 자산운용에 일찌감치 눈을 떴다. 자산운용사를 거쳐 우정사업본부와 새마을금고중앙회 등에서 기금운용을 맡다가 한국투자공사(KIC)를 거쳐 하나UBS자산운용으로 왔다. 이후 꾸준히 들여다본 것이 멀티에셋 전략이었고 그 결과물이 바로 코어셀렉션 펀드였다. 이 전무로서는 그만큼 애착이 컸고 최근 멀티에셋 전략이 주목받으면서 감회가 클 수밖에 없다. 그는 "3년간 시험을 치르는 느낌이었고 고3 시절을 보낸 것 같다"고 말했다.

특히 멀티에셋 전략의 위상이 커지고 있는 것을 새삼 느낀다. 멀티에셋에 익숙해지면서 단순한 투자 기법이 아니라 헤지펀드나 부동산처럼 또 다른 하나의 자산으로서의 입지를 확보해 가고 있다.

"멀티에셋 시장은 퇴직연금에 위험자산을 편입할 수 있도록 한 플랫폼이라고 봅니다. 기존에도 멀티에셋 펀드가 존재했지만 최근 새로운 시장이 형성된 것이죠"

실제 현시점에서 멀티에셋 전략을 어떻게 가져가야 하는지도 물었다. 6개월이나 1년 등 일정 기간을 두고 자산배분을 조정하지만 주기적으로 미세조정에 들어간다. 최근 변동성이 심화되면서 채권과 주식, 원자재의 비중을 낮췄고 헤지 전략을 통해 알파수익을 창출하는 헤지펀드 비중을 확대했다.

마지막으로 제대로 된 멀티에셋 펀드를 고를 수 있는 팁도 줬다.

"**연평균 수익률**도 중요하지만 얼마나 고르게 유지되는지 **표준편차**도 꼭 따져야 진정한 수익률을 평가하는 것이죠" 그는 해외 펀드의 경우 위험조정 수익률이 제시되지 않는데 이런 부분도 꼼꼼히 따져볼 것도 조언했다.

13
5년 맞은 TDF 원조⋯
승부사의 집념

Bizwatch, 2019. 10. 1.(화)

| "TDF, 일반 펀드와 달라⋯ 멀티에셋 핵심"
| "매니저 전술배분 평가 토대 이뤄져야"

퇴직연금 시장이 뜨거워지는 가운데 의미 있는 데이터가 나왔다. 하나UBS자산운용의 행복한TDF(타깃 데이트 펀드) 시리즈가 2014년 9월 출시 이후 지난 9월 말로 정확히 5주년을 맞은 것.

통상 특정 펀드의 체력을 평가하기 위해서는 시장의 등락을 모두 경험해 봐야 한다고 한다. 생애 주기에 맞춰 자산배분 전략을 달리 가져가는 콘셉트의 TDF가 정말 퇴직연금 시장에 꼭 맞는 상품인지 판단할 수 있는 시기가 됐다.

지난 30일 서울 여의도 하나금융투자 사옥에서 이장호 하나UBS운용 글로벌운용본부장(전무)을 만났다. 이 전무는 저금리 추세로 예적금과 채권의 실질 수익률이 계속 떨어지는 상황 속에서 퇴직연금을 굴리기 위한 수단으로 TDF가 적합하다고 강조했다.

- 멀티자산 전략에 주력하는 하나UBS운용의 행복한TDF 펀드가 출시 5주년을 맞았다.

▲ 저금리 시대 예·적금과 채권의 실질수익률이 제로에 가까워지고 있는 가운데 수익률 제고를 위해 투자할 만한 펀드다. 장기 분산투자 효과를 거둘 수 있다. 2014년 9월 출시된 이후 올해로 정확히 5주년을 맞았다. 5년은 시장 부침을 모두 경험했다고 볼 수 있다. 주식 채권 등 전통자산 외에 부동산 원자재 헤지펀드 채권 등에 분산하여 장기 투자하면 저축 상품보다 높은 수익률을 얻을 수 있다는 것을 확인했다.

이장호 하나UBS자산운용 글로벌운용본부장(전무)/사진=이명근 기자 qwe123@

- 구체적인 숫자를 소개하자면

▲ 2014년 9월부터 지난 24일까지 만 5년간 연평균 3% 정도의 수익률을 거뒀다고 보면 된다. 자산별로 보면 국내주식 0.63%, 해외주식 연 4.24% 국내채권 3.47% 해외채권 2.00% 정도다. 행복한TDF펀드 시리즈는 현재까지 2025, 2030, 2035, 2040, 2045 등 5개가 출시됐는데 보수 차감 후 연평균 수익률은 많게는 3.25%에서 적게는 2.09% 수준이었다.

- 수익률에 만족하는가.

▲ 예·적금과 비교해 우수한 수준이다. TDF 투자 자금은 연금 마련을 위한 것으로 일반 펀드에 투자하는 자금과 성격이 다르다. 기본적으로 투자자금의 수명이 길다. 장기투자 효과를 노릴 수 있는 것이다.

업계에서는 유동성 프리미엄[*]이 있다고 말한다. TDF는 유동성 프리미엄을 극대화하기 위한 전략을 구사해야 한다.

- 장기투자 효과란

▲ 마이클 조던과 아마추어 농구선수가 자유투 대결을 한다고 생각해 보자. 5개를 던져 실적을 평가한다면 큰 차이가 나지 않을 것이다. 아마추어 선수가 더 높은 성적을 낼 수도 있다. 하지만 100개를

---

* 투자자가 낮은 유동성을 감수한 대가로 요구하는 추가 수익률을 의미합니다. 즉, 쉽게 현금화하기 어려운 자산일수록 이를 보상받기 위해 더 높은 수익률을 요구합니다.

던져 성적을 내면 어떤 결과가 나올까. 훈련이 탄탄한 마이클 조던이 압도적인 성적을 낼 것이다. 수익률 데이터도 마찬가지다.

하나UBS운용 행복한TDF2035의 경우 지난달 24일 기준 지난 5년 동안 1년만 투자한 수익률의 경우 최고는 15.1%, 최저는 마이너스 9.2%를 기록했으며, 평균은 1.6%다. 시계열을 늘여서 3년간 투자한 경우는 최고 연 5.0%, 최저 연 1.4%다. 아무도 손해 보지 않았다. 평균 수익률도 3.3% 수준으로 1년 평균수익률의 2배 이상이다. 같은 펀드라도 보유 기간이 길면 수익률이 개선된다.

― 주식의 경우 등락을 반복하면서 시계열을 넓혀 보면 우상향한다는 의미겠지만 시장에 대한 긍정적 전망이 전제되지 않으면 힘들 거 같다.

▲ 그래서 분산 투자가 중요하다. 무조건 많은 자산을 펀드에 담으라는 의미가 아니다. 자산가격의 상관관계가 제로에 가까운 자산들을 담는 것이 중요하다. 리스크를 낮추는 것이다. 행복한TDF가 헤지펀드를 담고 있는 까닭은 헤지펀드 수익률이 주식 채권 등 전통자산 수익률과 독립적으로 움직인다는 것을 알고 있기 때문이다. 부동산 원자재 등 다양한 자산을 담은 것도 결국 포트폴리오 효과를 노리는 것이다.

교과서에 나오는 이야기임에도 불구하고 투자자들이 장기투자를 어려워하는 까닭은 수시로 등락하는 자산가격을 바로 확인할 수 있기 때문이다. 그 대응방안으로 처음부터 장기투자 자금을 따로 떼어 관리하는 것이 바람직하다.

– 행복한TDF는 국내 주식 비중도 상당하다.

▲ 미국 경기가 조정 국면에 들어갈 것이다. 대외교역 규모도 줄고 있고 미중 간 갈등 여파로 기업 비용도 증가해 마진율이 감소하고 있다. 미국 증시는 향후 5년 정도 부진할 수 있다. 지난 10년 이머징 시장 수익률이 부진했던 것은 이머징 시장 자체의 문제라기보다 미국이 금융위기 여파를 해소하기 위해 긴축 정책에 나선 영향이 크다. 미국 연준이 금리를 내리고 있으니 이머징 시장에 기회가 주어질 것으로 예상한다. 그동안 기초체력도 많이 키워왔다.

– 장기투자를 장려하기 위해 업계가 개선해야 할 점은 없을까.

▲ 펀드 매니저의 위험 대비 전술배분 능력을 평가해야 한다. 전술배분은 매니저가 주어진 전략배분 틀 안에서 자산을 배분하는 것을 가리킨다. 전략배분은 매니저에게 주어지는 일종의 의무사항이다. 특정 펀드가 자산의 20% 가량을 미국 주식으로 채운다고 했을 때 20%라는 숫자가 전략배분 기준이다. 매니저가 미국 주식이 오를 것 같다고 판단하면 20% 비중을 21%로 늘리고 빠질 것 같으면 18%로 낮춰 추가 수익을 확보할 수 있다.

문제는 매니저 평가가 절대 수익률에 근거해 이뤄진다는 점이다. 매니저는 전략배분 비중을 수시로 늘이고 줄이면서 수익률 높이는 데 몰두하게 될 것이다. 그렇게 되면 장기투자 의미가 퇴색한다. 단기투자가 된다는 말이다.

전술배분에 나서면서 감수하는 리스크 대비 수익률이 어느 정도인지 공시해야 한다. 전술배분에 따르는 리스크가 상당했음에도 불구하고 수익률이 상응하는 수준이 아니라면 운용을 잘못한 거다.

— 표준편차를 공개해야 한다는 의미인가.

▲ 맞다. 보통 펀드의 연평균 수익률이 표준편차의 절반 이상이면 운용 실적이 좋다고 본다. A펀드의 표준편차가 8%인데 연평균 수익률이 5%라면 잘한 거다. 연평균 수익률은 5%이지만 표준편차가 15%라면 잘한 게 아니다. 수익률이 위아래 15% 수준으로 움직인다는 건데 이를 견딜 수 있는 투자자들은 많지 않을 것이다. 펀드를 소개할 때 연평균 수익률과 더불어 표준편차 수준을 공개해야 한다.

— 장기투자로 성공한 경험담이 필요하다는 지적도 있다.

▲ 경험이 중요하다. 과거 GDP가 빠르게 성장할 때 채권의 쿠폰이 매력적인 수준이었다. 시중 자금 상당수가 부동산 시장에 몰려 있는 것은 부동산 투자 성공 경험이 있기 때문이다. 퇴직연금 시장에서 1% 남짓의 수익률이 나오는 것은 향후 어마어마한 부담이 될 것이다. DC형뿐만 아니라 DB형도 문제다.

사원으로 입사해서 부장으로 퇴사할 때까지 급여가 매년 2%가량씩 올라간다고 했을 때 퇴직연금도 그만큼 수익률을 내줘야 한다. 그렇지 않으면 나중에 확정금액을 지급할 때 엄청난 부담이 되지 않겠는가. 투자 교육이 어느 때보다 중요하다.

— 일본 정부는 개인의 적립식 투자를 촉진하기 위한 정책을 마련

해 운영 중이라고 한다. 적립식 퇴직연금 시장을 키우기 위해 필요한 정책이 있다면

▲ 우리나라 퇴직연금 납입금액은 연 700만 원까지 세액을 공제해주는 데 이를 확대해야 한다. 퇴직연금에 투자한다는 것은 은퇴 이후 자기 자금을 스스로 마련한다는 것이다. 국민연금의 고갈에 대한 우려가 끊이지 않는 상황 속에서 정부가 장려해야 할 일에 틀림없다. 투자가 확대할 수 있도록 세액 공제 범위를 확대할 필요가 있다.

14
"TDF 6년, 이제 차별화를 논할 때"

Bizwatch, 2020. 10. 7.(수)

> 하나UBS행복한TDF 출시 6년… 연수익률 코스피200 상회
> TDF 투자 시 기대 수익률 설정 도움… 자산배분 변화 체크
> 해야

"TDF(타깃 데이트 펀드)가 다 똑같다고요? 그렇지 않습니다. TDF 투자자라면 기대 수익률을 설정해 실제 수익률과 비교하고 시기별 자산배분의 변화도 꼼꼼히 따져봐야 합니다"

요즘 국내 TDF는 다 비슷한 것 같다는 물음에 대한 이장호 하나UBS자산운용 전무의 답변이다. 하나UBS자산운용은 지난 2014년 9월 행복한TDF를 출시했고 지난달 말로 6주년을 맞았다. 6년의 트랙레코드를 가진 TDF는 하나UBS운용TDF가 유일하다. 6년의 성과에는 TDF의 진가가 그대로 드러난다.

그 사이 국내 TDF는 11개, 2020년 9월 말 기준 약 4조 원으로 늘면서 선택지가 꽤 넓어졌고 엇비슷한 자산배분 구조로 차별화가 쉽지 않다는 지적이 나온다. 하지만 이장호 전무는 충분히 차별화가 가능하고 투자자도 이를 적극적으로 체크해야 한다고 말했다. 물론 이를 위해서는 자산배분의 변화를 운용사들이 적극적으로 투자자들에게 알리는 것이 필요하다고 조언했다.

❙ '하나UBS행복한TDF'의 행복한 성과

TDF 시장이 커지면서 때아닌 원조 논란이 벌어진 적이 있다. 하나

UBS행복한TDF는 그때마다 항시 거론된 TDF 중 하나다. 그도 그럴 것이 설정일 기준으로 가장 고참이다.

국내에서 처음으로 6년 트랙레코드를 찍은 TDF의 성과는 어떨까. 일단 나쁘지 않다. TDF2025부터 TDF2045까지 모두 코스피200지수의 연평균 수익률을 앞선다. 주식 비중이 가장 높은 TDF2045의 경우 연 4.08%, 채권 비중이 가장 높은 TDF2025는 연 2.98%를 기록했다. 코스피200의 경우 연 2.69%다.

물론 최근 증시 상승으로 수익률이 천정부지로 치솟은 금융상품이 많다 보니 크게 눈에 띄지 않는다. 모건 스탠리 캐피털 인터내셔널(MSCI) 월드 주가지수의 연평균 수익률 5.91%보다 낮다. 하지만 퇴직연금 계좌에 TDF를 6년간 보유했다고 가정할 경우 TDF가 장기적이고 안정적인 성과를 내고 있음을 보여준 셈이다.

이장호 전무는 "출발 당시만 해도 연금상품에 대한 관심이 크지 않았던 상황에서 수명이 긴 자금을 굴릴 수 있는 TDF에 주목했다"라며, "TDF를 통해 연금시장이 저수익을 극복할 수 있음을 보여줬다는 측면에서 의미가 크다"라고 말했다.

그런 점에서 TDF에 왜 투자해야 하는지에 대해서 재차 강조했다. TDF의 경우 은퇴시점이 멀수록 주식 투자 비중이 높다. 노후를 위한 자금운용을 주식으로 운용하는 것이 내심 불안할 수 있다. 하지만 **수익률의 변동성(위험)은 투자 기간에 반비례한다.** 투자 기간이 1

년인 경우 주식의 변동성은 18%에 달하지만 기간이 길어질수록 변동성은 급속도로 감소해 20~30년이 되면 오히려 4% 미만으로 떨어지며 채권의 변동성을 밑돌게 된다.

TDF 자산배분 펀드들의 차이

TDF 출시가 잇따르면서 투자자 입장에서는 다양한 메뉴판을 받아들게 됐다. 비슷비슷한 메뉴 중에서 무엇을 선택할지 고민이 된다. 마침 TDF의 경우 통상 글라이드 패스라는 큰 구조 안에서 이뤄지기 때문에 그게 그거라는 관념이 자리하기 시작했다. 하지만 이장호 전무는 TDF도 차별화가 가능하고 실제 그렇게 되고 있다고 말했다.

"TDF는 일정 기간마다 자산배분 비율을 조정합니다. TDF를 운용하는 동안 글라이드 패스 구조로 자산배분이 이뤄진다고 하지만 어느 시점에서 어떻게 자산배분 비율이 조정되는지를 투자자도 알 필요가 있죠" 10년 이상 투자하는 자금이라면 적어도 현시점에서 자산별 투자 비중을 알 수 있어야 한다는 얘기다.

하나UBS행복한TDF2045의 경우 주식과 채권, 대체투자 자산 비중을 80:10:10에서 최근 70:20:10으로 조정했다. 계단식으로 글라이드 패스를 그려가고 있는 것인데 각 운용사의 TDF들마다 조정 주기나 배분이 다를 수밖에 없다. 문제는 투자자들이 모든 TDF에서 이를 잘 캐치할 순 없다는 점이다. 하나UBS운용의 경우 TDF 자산배분 조정 내용을 미리 고객들에게 고지하고 있지만 타 운용사들의 경우 관련 데이터베이스(DB)를 찾기가 쉽지 않다.

이 전무는 "글라이드 패스 구조는 비슷하지만 이를 그려가는 것은 매니저의 몫"이라며 "장기적으로 적립하는 구조인 만큼 투자자라면 본인이 넣는 돈이 어떻게 배분돼 투자되는지 알고 있어야 한다"라고 설명했다. 이런 점에서 한 달에 한 번 운용 과정에 대해 '스토리' 형식의 보고서를 작성해 TDF 판매사에 전달하고 있는 것을 차별점으로 제시했다.

단기 수익률의 함정

자산배분 변화 내용의 확인과 함께 TDF 투자 시 감안해야 할 또 다른 팁으로 나름의 기대 수익률을 설정하고 접근할 것도 조언했다. 기대 수익률과 실제 수익률의 갭을 확인하는 것이다. "과거 경험상 대규모 자금을 맡기는 연기금 쪽에서도 이런 식으로 평가를 합니다. 기대 수익률과 실제 수익률 간의 갭이 적을수록 매니저에 대한 신뢰가 높아지죠"

투자자는 스스로 몇 년을 투자할지, 그 기간 동안 기대 수익률을 어느 정도로 할지 개략적으로 정하면 된다. 물론 시장 상황에 따라 손실을 볼 수 있고 추가 수익을 낼 수 있다. 핵심은 TDF가 장기로 운용되는 만큼 기대 수익률보다 높든 적든 서프라이즈한 성과보다는 기대 수익률 수준을 꾸준히 충족하는지를 보는 것이다.

대신 단기 수익률 자체에 연연해서는 안 된다고 조언했다. 최소 10년에서 30년 이상 매달 적립하고 운용 기간이 길수록 변동성이 낮아지는 구조를 감안한다면 단기 수익률 급등락에 연연할 필요가 없다는 것이다.

이 전무는 "TDF뿐만 아니라 모든 펀드가 마찬가지"라며 "펀드 투자는 말달리기 경주에서 빠르게 달릴 수 있는 말을 고르는 것이 결코 아니다"라고 조언했다. 아울러 "판매사들이 주로 펀드의 콘텐츠를 강조하지만 TDF든 다른 펀드든 운용사의 철학과 매니저의 역량이 결국 중요하다"며 "최소한 3년 이상의 투자를 생각하고 접근할 필요가 있다"고 덧붙였다.

15
Default Option* 펀드의 전략배분

Bizwatch, 2019. 9. 18.(수)

> 국내와 해외에 동시 투자해야
> 국내 기업 투자 바람직… 자산 분산 필수

최근 매우 흥미로운 포럼을 다녀왔다. 지난 5일 금융투자협회에서 개최한 한-호주 퇴직연금 포럼이었는데, 현재 정부와 국회가 추진 중인 기금형 퇴직연금제도의 성공적 도입을 위해 이 제도가 잘 발달된 호주의 슈퍼애뉴에이션(Superannuation)의 설립과 운영에 관한 노하우를 들을 수 있는 소중한 자리였다.

---

* 사전에 설정되어 있어 사용자가 특별히 다른 옵션을 선택하지 않으면 자동으로 적용되는 것을 의미합니다. 금융 분야에서 퇴직연금과 관련하여, 가입자가 연금 운용방식을 선택하지 않을 경우 사전에 정해진 상품으로 운용되는 제도인 '사전지정운용제도'를 디폴트 옵션이라고 부릅니다.

자산 군	일반적 비중
호주 주식 ; 인덱스 형, 적극 형	25%
해외 주식 ; 선진국(인덱스 형, 적극 형), 신흥시장	30%
비상장 부동산 ; 호주, 해외	10~15%
비상장 인프라 ; 호주, 해외	10~15%
비상장주식	5%
채권, 대출, 현금	10~20%

슈퍼애뉴에이션은 근로자의 퇴직연금 가입과 기업의 기여금(근로자 연봉의 9%)을 강제적으로 적립하게 하는 호주의 퇴직연금제도로 1992년 도입됐다. 특히 나의 관심을 끈 부분은 산업별 슈퍼애뉴에이션 펀드들의 전략적 자산배분(Strategic Asset Allocation, SSA)을 위해 선택된 자산군(Asset Class)이었다.

위 표는 몇 가지 질문들을 던진다. 호주 산업별 퇴직연금들은 왜 호주 주식과 해외 주식을 비슷한 규모로 투자하고, 비상장 부동산과 인프라에 상당한 비중을 투자할까?

나아가 일반적으로 직장인들이 퇴직 이후 경제적 안정을 위하여 장기간 적립식으로 투자하는 대상 자산들을 선택하는 기준은 무엇일까? 그리고 우리나라 퇴직연금의 투자 대상은 어떤 자산들이어야 하는가?

이러한 질문들과 연결된 또 하나의 포럼이 있었다. 연초 기금형 퇴직연금제도와 함께 Default Option 펀드 도입을 위한 토론회에서 한 패널이 "현재 나와 있는 펀드들 중 디폴트 옵션의 대상이 될 수 있는 펀드가 있는가?"라는 질문을 하면서 도입에 신중해야 한다는 견해를 표명한 바 있다.

이는 선진국 직장인들을 위한 퇴직연금들의 투자 대상 자산들과 우리나라 직장인들을 위한 퇴직연금의 투자 대상이 차별화되어야 한다는 의미라고 해석한다.

위의 두 포럼에서 제기된 질문들과 관련해 디폴트 옵션 펀드의 전략적 자산배분을 위한 자산 선택에 대한 나의 생각은 다음과 같다.

첫째, 국내와 해외 자산에 동시에 상당한 비중을 투자해야 한다. 퇴직연금의 수혜자인 직장인들은 노동에 대한 보상으로 급여를 받아 현재 소비와 저축·투자를 한다. 퇴직연금은 급여의 일부분을 국가의 세금 지원과 함께 퇴직 이후 미래 생활 안정을 위하여 적립하는 자금이다.

이러한 맥락에서 직장인이 기여한 노동의 결과인 기업과 경제 성장의 혜택 배분에 참여할 수 있어야 한다. 그리고, 직장인은 생산자일 뿐만 아니라 소비자로서 소비 활동을 통하여 경제 발전에 기여하는 데에 따른 보상을 받을 수 있어야 한다.

둘째, 투자자뿐만 아니라 국민 경제의 관점에서 퇴직연금과 같은 장기성 자금은 국내 기업들에 투자되는 것이 바람직하다. 주식과 채권은 기업들에게 제공하는 신용으로 기업의 경제 활동을 가능하게 하는 자본이며, 배당과 이자라는 경제적 효용을 돌려준다. 특히 연금과 같이 장기간 활용 가능한 자본의 지속적인 공급은 기업과 국민 경제 발전에 필수적인 요소라 할 수 있다.

셋째, 장기투자에 따른 효과, '유동성 프리미엄'을 충분히 거둘 수 있도록 '다양한 자산들에 효과적으로 분산'해야 한다. 이를 위해서는 대상 자산들 사이의 상관관계가 최소화되도록 전통자산뿐만 아니라 대체자산도 배분 대상이어야 한다.

16
코로나 적응을 위한
포트폴리오 전략

Bizwatch, 2020. 7. 28.(화)

| 코로나 적응을 위한 포트폴리오 운용전략
| 코로나가 가져올 환경·문명 변화에 주목

최근 글로벌 UBS Wealth Management(WM)에서 글로벌 시장 전문가들을 대상으로 실시한 서베이 결과가 도착했다. 자본시장의 역사에서 '새로운 처음'들을 경험하고 있는 시장 참가자들이 하반기에 가장 위험하다고 예상하는 요인들이 궁금했다.

질문: 투자자들이 고려해야 할 주요 위험은 무엇입니까?
      미국 대선   7%
      글로벌 경기둔화 이후 신용위기   47%

코로나19	32%
오일 쇼크	3%
무역 분쟁	9%
기타	2%

역시 세계적 양적 완화로 풍부해진 유동성이 가져온 자산 가격 상승의 후유증을 경계하고 있었다. 코로나로 인한 경제 활동의 위축으로 수입 감소가 지속될 경우, 통화와 재정정책으로 지탱하기 어려운 경제 주체들의 부채 상환의 실패, 즉 신용위기에 대비해야 한다.

코로나 치료제와 백신이 개발되더라도 코로나 이전과 달라진 환경에서 지속 가능 여부에 따라, 산업별 구조조정이 진행될 것으로 보는 것이다. 올해 2분기 실적 시즌을 맞아 코로나로 인한 기업별, 국가별 피해 상황이 발표되고 있다. 경제 성장률은 전례 없는 하락을 보일 것이며, 기업별 실적은 섹터별, 지역별 편차가 매우 뚜렷할 것이다.

적극적 운용으로 창출하는 수익, 즉 알파수익을 추구하기엔 거시적 변수들에 대한 전망이 너무도 불확실한 코로나 이후 환경에 적응하기 위한 포트폴리오 운용전략을 고민해 봤다.

먼저, 불확실성에 대비한 철저한 분산과 대상 자산들의 선택이다. 코로나로 달라질 환경에 친화적인 자산들이 무엇인가를 탐색하고,

그 결과에 따라 자산들을 선정하는 것이 필요하다. 코로나 이후 지속될 경제 현상들로부터 수혜가 기대되는 기업들의 주식, 채권, 그리고 관련 대체자산들이다. 가령, 코로나를 초래한 환경 파괴를 억제하거나 예방하는 기업, 그리고, 집중이 아닌 분산, 대면이 아닌 비대면 활동을 지원하는 기업들이 그 사례다.

다음은 코로나로 가져올 문명에 대한 변화를 선반영하는 것이다. 문명을 구성하는 개인들의 신념에 변화가 발생하여 새로운 관점과 기준들이 등장할 것이다. 가령, 개인과 집단, 자율과 책임의 조합에서 우선순위를 어떻게 부여할 것인가, 또는 동양과 서양의 전통적 가치들에 대한 재평가가 이루어질 것으로 전망한다. 그리고 이러한 변화는 실물 경제를 제대로 반영하는 자본시장으로 이어지는 계기가 될 것이다.

최근 코로나의 초기 확산 과정에서 안전 통화로 강세를 보였던 달러화가 약세를 보이는 가운데, 글로벌 자본이 미국을 제외한 글로벌 자산으로 이동하는 것이 그 사례라 할 수 있다.

끝으로, 투자 수단이다. 상장지수 펀드(Exchange Traded Fund, ETF)의 출현으로 매크로 분석의 결과를 반영하는 포트폴리오를 설정하고 운용하기 편리해졌다. 상장지수 펀드의 수요가 급증하게 된 것은, 양적 완화에 따른 유동성 확대가 개별 기업들의 펀더멘털보다 거시적 요인들을 효과적으로 반영하게 된 데에 기인한다. 또한, 투자 정보를 즉각적으로 공표하는 투명성과 저금리 환경에서 낮은 수수료 또한 수요 확산에 기여하는 요인들이다.

17
메가 트렌드 주도 종목을 위한 상향식 접근

Bizwatch, 2020. 5. 25.(월)

> 코로나 적응을 위한 운용방식의 변화
> 메가 트렌드 주도 종목을 위한 상향식 접근

마치 풍랑을 만난 바다에서 한 차례 커다란 파도를 넘은 배에 있는 듯하다. 언제 다시 그리고 어떤 파도가 올지 알 수 없으며, 더 큰 풍랑이 있을 것이란 전망도 설득력 있게 다가온다. 이 시점에서 운용 중인 포트폴리오를 어떻게 할 것인가?

주식과 채권, 그리고 대체자산으로 구성된 포트폴리오에 변화가 불가피해 보인다. 코로나로 인한 변화가 구조적일지 모른다는 생각에서다. 그러면 무엇을 바꾸고 무엇을 유지할 것인가?

먼저 상관관계가 낮은 자산들로 장기 보유를 위한 전략적 배분을 설정한다는 원칙은 여전히 유효하다고 생각한다. 정보가 부족한 국면에서 서로 엇갈리는 견해들은 앞으로도 이어질 것이며, 그에 따라 동일 자산에 대한 매수와 매도가 공방을 벌이면서 **가격의 변동성은 높게 유지될 가능성이 크다.** 마스크 쓰기의 효과에 대한 공방이 그 사례이다.

가급적 다양한 자산들로 포트폴리오를 구성한다는 것 또한 유지되어야 한다. 단기간에 큰 폭의 하락과 반등을 경험한 투자자들은 시장이 주는 공포와 탐욕을 다시 한번 체험하게 되었다. 그렇다고, 더욱 낮아진 안전자산의 수익률, 선진국 국채 금리에 안주해 있을 수는 없다. 수익률 제고를 위하여 위험자산을 보유한 채 시장에 머물러 있기 위해 개별 자산 가격의 등락을 보전할 수 있도록 포트폴리오 수익률의 변동성을 낮추어야 한다.

그렇다면, 다양한 자산들로 포트폴리오를 구성하면서 코로나 이후의 세상에 적응하기 위한 시도들은 무엇일까? 각 자산을 구성하는 개별 종목들의 재편이다. 즉, 상향식 접근(Bottom-up Approach)에 의한 종목 선정이다. 이는 기존의 자산 구성 방식, 자산의 지역/섹터별 지수들을 활용한 하향식 접근(Top-down Approach)으로부터 변화이다.

그리고 개별 기업들을 선정하는 기준으로 코로나 이후 세상에 적응할 수 있는 능력을 반영하여야 한다. 연결되고 집중되는 것이 효율적이던 경제 구조에서 연결되지만 분산되어 있는 것이 효과적인 사회적 환경에 능동적으로 적응할 수 있는 기업들로 자산을 구성하는 것이다.

코로나는 천천히 진행되던 메가 트렌드를 가속화할 것이다. 4차 산업혁명의 일상화가 실현될 것이며, 부작용을 최소화하기 위한 사회적 논의가 활발해질 것이다. 그리고 '마스크 쓰기'가 상징하는 사람에 대한 '배려'가 공감을 얻게 될 것이며, 이를 실천하는 기업들에 기꺼이 자본을 투자할 것이다(다음 차트 참조).

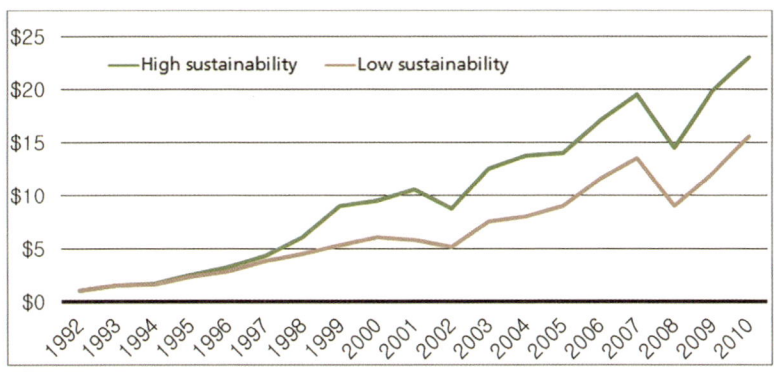

지속 가능 기업의 장기 성과, 출처: UBS, 미국 기업 180개 사를 대상으로 '환경과 사회 관련 정책들을 적극적으로 수용한' 기업들을 높은 지속성(High Sustainability)으로 분류해 수용하지 않은 기업들과 성과를 비교

18
디지털 자이언트와 사회적 책임 기업

Bizwatch, 2020. 6. 30.(화)

디지털 자이언트와 사회적 책임
적극 대응을 긍정적으로 평가

지난 금요일(26일) 미국 주식시장의 하락이 최근 경제 활동을 재개하는 미국에 코로나 확진자가 급증하는 데에 기인하는 것이라 생각했다. 그런데 이상한 것은, 시장보다 하락폭이 큰 종목들 중에 페이스북과 트위터와 같이 코로나 확산으로 보편화된 재택 문화의 수혜 기업들이 많다는 점이었다.

그 원인은 유니레버의 전격적인 발표였다. 도브(Dove) 비누로 유명한 동사가 최소한 연말까지 미국의 페이스북, 인스타그램, 그리고 트위터 등에 대한 광고를 중단하겠다고 선언하면서 두 종목들의 주가가 7% 이상 하락한 것이다.

유니레버는 왜 그런 결정을 하게 된 것인가? 동사의 설명은 추상적이지만 메시지는 뚜렷하다. 지금 그런 플랫폼에 광고를 계속하는 것이 '사람과 사회에 가치를 더하지 않기 때문'이라고 한다. 최근 디지털 플랫폼에 일어나고 있는 '분열'과 '혐오 발언'의 차단에 대한 강한 의지를 광고 중단으로 표현한 것이다.

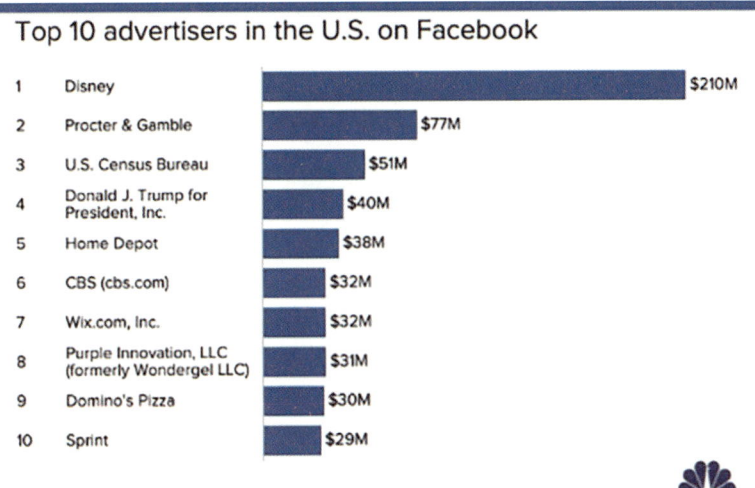

페이스북의 미국 10대 광고주

이외에, 미국 시민단체들인 반명예훼손리그(ADL, Anti-Defamation League), NAACP(미국 흑인인권단체), 잠자는 거인(Sleeping Giants), 변화의 색상(Color of Change), 자유언론 및 상식(Free Press and Common Sense) 등이 페이스북 광고주들에게 7월 한 달 동안 광고를 중단할 것을 요청한 이후 90여 마케터들(Marketers)이 동참하기로 하였다고 한다.

디지털 플랫폼 자이언트들의 대응 노력도 이미 시작됐다. 마크 저커버그 페이스북 대표는 인공지능을 활용한 혐오 발언 차단 정책을 발표했다. 아울러, 페이스북은 인종, 민족, 국가, 계급, 성 등의 차별에 반대하여 광고를 붙이지 않겠다고 한다.

이러한 디지털 플랫폼의 광고 시장에 부는 새로운 바람이 미국 증시의 강세를 이끌어 온 관련 기업들의 주가 흐름에 변화를 줄 것인가는 불확실하다. 확실한 것은 그러한 변화를 시도하는 기업들에 대한 소비자들의 호감도가 높아질 것이라는 점이다. SNS에서 분열과 혐오를 차단함으로써, 사람에 대한 존중이 경제와 시장에 확산되는 데에 기여하는 기업들에 대한 투자자의 선택은 확대될 것이다.

19
코로나 이후
코리아 디스카운트 해소 가능성

Bizwatch, 2020. 5. 11.(월)

| 코로나19와 코스피 재평가
| 한국의 방역 성과로 '코리아 디스카운트' 해소

최근 코로나 방역에 관한 글로벌 미디어들의 한국 평가들을 접하면서 문득 한국 증권시장의 저평가, 즉 소위 '코리아 디스카운트'의 해소 여부에 관심이 간다. 지난 8일 기준 한국 주식시장의 시가총액은 순자산 대비 0.77배로, 선진 시장이 2.24배는 물론 이머징의 1.36배보다 크게 낮다.

글로벌 시장에서 국내 기업들의 주가가 낮게 평가받는 첫째 요인은 무엇보다 높은 변동성이다. 국내 기업들의 성과가 내수 시장보다 글로벌 경기에 따른 수출입 동향에 영향을 받는 데에 기인한다. 국내 시장의 높은 변동성은 자산배분에서 높은 위험량을 가진 자산에 작은 비중을 부여하게 만든다. 가령, 주식 포트폴리오에서 코스피보다 코스닥에 대한 배분 비중이 낮다.

높은 변동성 외에 '코리아 디스카운트'를 설명하는 요인은 '2개의 한국(Two Korea's)'일 것이다. 지금은 다르지만 과거에는 한국에서 왔다고 소개하면 "북이냐 남이냐?"를 확인하는 질문이 적지 않았다. 미국 중심의 뉴스들 속에 한국이 포함되는 경우가 주로 북한 관련 뉴스들이었기 때문이다.

Annex Table 1.1.2. Asian and Pacific Economies: Real GDP, Consumer Prices, Current Account Balance, and Unemployment
(Annual percent change, unless noted otherwise)

	Real GDP			Consumer Prices[1]			Current Account Balance[2]			Unemployment[3]		
		Projections			Projections			Projections			Projections	
	2019	2020	2021	2019	2020	2021	2019	2020	2021	2019	2020	2021
Asia	4.6	0.0	7.6	2.7	2.5	2.5	1.8	1.0	1.2	...	...	...
Advanced Asia	1.2	-4.5	3.8	0.7	0.5	0.8	4.3	2.9	3.0	3.1	4.1	3.7
Japan	0.7	-5.2	3.0	0.5	0.2	0.4	3.6	1.7	1.9	2.4	3.0	2.3
Korea	2.0	-1.2	3.4	0.4	0.3	0.4	3.7	4.9	4.8	3.8	4.5	4.5
Australia	1.8	-6.7	6.1	1.6	1.4	1.8	0.5	-0.6	-1.8	5.2	7.6	8.9
Taiwan Province of China	2.7	-4.0	3.5	0.5	0.5	1.5	10.5	8.2	8.3	3.8	4.4	4.0
Singapore	0.7	-3.5	3.0	0.6	-0.2	0.5	17.0	14.8	15.7	2.3	2.5	2.4
Hong Kong SAR	-1.2	-4.8	3.9	2.9	2.0	2.5	6.2	6.0	5.0	3.0	4.5	3.9
New Zealand	2.2	-7.2	5.9	1.6	1.2	1.4	-3.0	-4.5	-3.2	4.1	9.2	6.8
Macao SAR	-4.7	-29.6	32.0	2.8	2.0	2.3	34.8	13.1	30.0	1.7	2.0	1.8
Emerging and Developing Asia	5.5	1.0	8.5	3.2	3.0	2.9	0.6	0.1	0.5	...	...	...
China	6.1	1.2	9.2	2.9	3.0	2.6	1.0	0.5	1.0	3.6	4.3	3.8
India[4]	4.2	1.9	7.4	4.5	3.3	3.6	-1.1	-0.6	-1.4	...	...	...
ASEAN-5	4.8	-0.6	7.8	2.1	1.8	2.7	1.2	-0.5	0.1	...	...	...
Indonesia	5.0	0.5	8.2	2.8	2.9	2.9	-2.7	-3.2	-2.7	5.3	7.5	6.0
Thailand	2.4	-6.7	6.1	0.7	-1.1	0.6	6.9	5.2	5.6	1.1	1.1	1.1
Malaysia	4.3	-1.7	9.0	0.7	0.1	2.8	3.3	-0.1	1.7	3.3	4.9	3.4
Philippines	5.9	0.6	7.6	2.5	1.7	2.9	-0.1	-2.3	-2.2	5.1	6.2	5.3
Vietnam	7.0	2.7	7.0	2.8	3.2	3.9	4.0	0.7	1.0	2.2	...	...
Other Emerging and Developing Asia[5]	6.3	1.2	7.5	5.6	5.3	5.3	-2.6	-3.7	-2.3	...	...	...
Memorandum												
Emerging Asia[6]	5.4	1.0	8.5	3.2	2.9	2.8	0.7	0.3	0.6	...	...	...

Source: IMF staff.
Note: Data for some countries are based on fiscal years. Please refer to Table F in the Statistical Appendix for a list of economies with exceptional reporting periods.
[1]Movements in consumer prices are shown as annual averages. Year-end to year-end changes can be found in Tables A5 and A6 in the Statistical Appendix.
[2]Percent of GDP.
[3]Percent. National definitions of unemployment may differ.
[4]See country-specific note for India in the "Country Notes" section of the Statistical Appendix.
[5]Other Emerging and Developing Asia comprises Bangladesh, Bhutan, Brunei Darussalam, Cambodia, Fiji, Kiribati, Lao P.D.R., Maldives, Marshall Islands, Micronesia, Mongolia, Myanmar, Nauru, Nepal, Palau, Papua New Guinea, Samoa, Solomon Islands, Sri Lanka, Timor-Leste, Tonga, Tuvalu, and Vanuatu.
[6]Emerging Asia comprises the ASEAN-5 (Indonesia, Malaysia, Philippines, Thailand, Vietnam) economies, China, and India.

IMF의 세계 성장률 전망

지난달 국제통화기금(IMF)이 코로나 이후 세계 각국의 성장률을 수정 발표했다. 아시아의 선두 국가들(Advanced Asia: 일본, 한국, 호주, 대만, 싱가포르, 홍콩, 뉴질랜드, 마카오) 중에서 한국은 2020년 성장률을 가장 높게, 그리고 전년 대비 하락폭은 가장 낮게 전망하였다. 이전에도 성장률이 높을 때 주가순자산비율(PBR)이 낮았으므로 이를 근거로 재평가될 것이라 전망할 수는 없다.

그런데 코로나 이후 기업 또는 국가의 대차대조표 건전성 여부가 중요해지고 있다. 미국을 비롯한 유럽, 일본 등 선진국들이 전례 없는 규모로 화폐와 국채를 발행하여 '빚'을 늘리면서, 그에 따른 부작용을 우려하는 관점에서 정부와 기업의 '지속 가능성'에 주목하는 것이다.

이런 가운데, 우리나라 기업들은 1997년 IMF에 따른 기업 도산의 아픈 기억으로 '빚'에 대한 의존도를 크게 낮추었으며, 그 결과, 낮은 부채비율 위에 코로나 이후 '지속 가능 기업'에 대한 투자가 한국 시장을 재평가할 것으로 기대한다.

20
코로나는
인프라 확대의 촉매

Bizwatch, 2020. 4. 7.(화)

> 코로나는 인프라 확대의 촉매
> 세계화 · 도시화, 지역화 · 교외화로 대체
> 5G · 전기차 충전소 등 인프라 가속화

지난 1월 이후 급락과 급등을 보인 글로벌 증권시장이 4월에 접어들면서 변동성이 줄어드는 모습이다. 코로나19 바이러스의 높은 전염 속도에 놀란 시장이 중앙은행과 정부의 전례 없는 적극적 대응에 조금이나마 안정을 찾은 결과로 보인다.

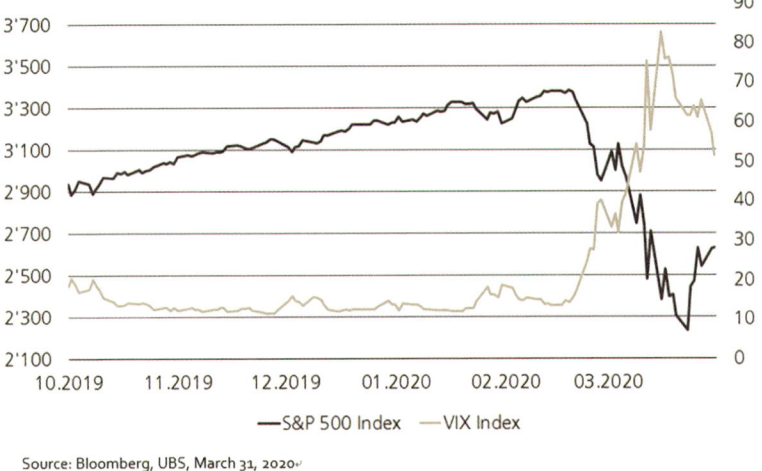

S&P 500과 변동성 지수(VIX)

　이 시점에서 2019년 말 코로나19 바이러스 발발 이전까지 전 세계에서 보편적으로 수용되던 가치와 효용 중에서 코로나19 이후 변화될 가능성이 높은 것이 무엇일까?
　'세계화'와 '도시화'가 그 범주에 속하지 않을까 생각한다. 전자는 '지역화', 그리고 후자는 '교외화'로 온전히 대체되지는 않겠지만, 시장이 인지할 수 있는 수준까지 진행될 것으로 추정하며 그 근거는 다음과 같다.

　코로나19와 같이 사람들과 접촉을 통해 생명이 위협받는 직간접 경험들이 축적되고, 미래에도 주기적으로 백신이나 치료제 없는 바이러스들이 발생할 것으로 예상된다면, 지금은 생소한 '사회적 거리두기'가 인구가 집중된 대도시에서 지방으로의 인구 이동을 촉진할 수 있다.

 이는 연초 이후 인구 밀집 대도시에서 단기간 많은 코로나 확진자들이 나타나고, 각 국가의 대응방식 또한 사람들 간 '거리 두기'에 모아지고 있는 데에 기인한다. 그리고, 바이러스의 확산을 막기 위한 국경 봉쇄라는 비상 조치들을 경험한 산업계는 공급 체인의 세계화로부터 국경 안에서 원자재와 중간재를 조달하려는 방식으로 전환하고자 할 것이다.
 이와 같이 교외화와 지역화의 진전이 경제와 산업에 어떠한 변화들을 가져올 것인가?

 먼저, 교외에 살면서 대도시의 문화생활을 누릴 수 있게 하는 도로망의 발달이다. 일정한 수요가 있어야 가능한 대형병원과 오페라하우스, 박물관, 그리고 테마파크 등을 편리하게 왕래하는 데 장애가 되는 교통 체증을 현저하게 줄이기 위한 정책적 지원이 이뤄질 것이며, 이는 코로나로 위축된 경기를 부양하기 위한 재정 지출의 우선 대상이기도 하다.

 그리고, 이러한 도로 인프라는 자동차의 보급을 확대할 수 있다. 국가와 국가는 물론 교외와 도시 사이를 왕래하는 이동 수단들 중, 좁은 공간에서 서로 모르는 다수의 사람들과 접촉이 불가피한 비행기, 버스, 기차 등에서 혼자 또는 잘 아는 소수의 사람들과 이동하는 자동차로 대체될 것이다. 또한, 사람들은 안전한 바이러스 검진과 주문&픽업을 위한 Drive-through를 떠올릴 것이다.

Source: Goldman Sachs Asset Management

이와 같이 지역 간 이동성이 높아지고 사람들 사이의 거리가 멀어지면서 사회적 교류 욕구는 온라인 통신으로 채워질 것이다. 이동 중의 자동차와 교외의 주택에서 다양한 사회 활동을 가능하게 하는 유무선 네트워킹 인프라, 가령, 6G 시대를 앞당기게 될 것이다. 아울러, 확대되는 자동차로 인한 환경 문제를 해결하기 위한 전기 자동차의 보급을 지원하는 충전소 등 관련 인프라의 구축 또한 앞당겨지게 될 것으로 전망한다.

21
자산배분은 '또 하나의 자산'

Bizwatch, 2020. 1. 28.(화)

▍변동성 장세… 자산배분은 '또 하나의 자산'

국내외 금리의 전례 없는 하락으로 소위 안전자산에 머물러 오던 자금들이 다양한 자산들을 탐사하는 '투자 자산의 춘추전국 시대'라 할만하다. 채권, 부동산, 그리고 주식 등 전통자산들 모두 역사적 고점에 이르렀으며 그 배경에 풍부한 유동성이 있다.

향후 유동성에 변화가 발생할 경우 큰 폭의 가격 조정이 있을 것을 투자자들이 예감하고 있다는 설문조사가 있다. 글로벌 Private Bank UBS 조사에 따르면 고객의 79%가 올해 시장의 변동성이 더욱 커질 것이며, 55%는 연말 이전에 큰 폭의 시장 하락이, 52%는 지금이 투자하기 좋은 시점이라 확신할 수 없다고 답변했다.

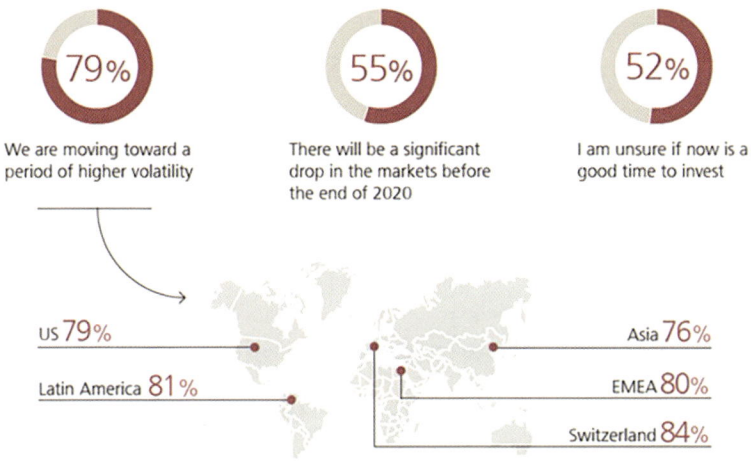

정보 통신의 발달과 거래의 편리성이 높아지는 등 국내 투자자들의 글로벌 자산들에 대한 접근이 용이해지면서, 국내와 해외 자산들을 포함한 글로벌 포트폴리오에 대한 시장의 수요가 확대되고 있다. 그 이면에는 국내 안전자산 수익률에 대한 아쉬움이 자리하고 있다.

이와 같이 불안한 시장 전망과 글로벌 자산에 대한 관심으로 소위 '자산배분 펀드'에 대한 수요가 확대되고 있다. 단일 자산에 집중하기에는 하락의 공포가 크기 때문일 것이다. 그 결과, 위험자산과 안전자산에 함께 투자하기 위하여, 나름의 논리와 연산 과정을 거쳐 다수의 자산들에 일정한 비중을 부여한 목표 포트폴리오를 설정한다.

그런데 자산배분을 통한 목표 포트폴리오를 설정한 후 실제 운용하는 과정에서 선택의 문제가 있다. 예를 들어, 10개의 글로벌 자산들, 국내 주식, 선진국 주식, 이머징 주식, 원자재, 상장 부동산, 국내 채권, 선진국 국 공채, 선진국 회사채, 선진국 하이일드, 헤지펀드 등을 대상으로 일정 비중을 부여한 목표 포트폴리오를 설정하고, 각 자산별로 주식, 채권, 또는 상장지수 펀드(Exchange Traded Fund) 등으로 실제 포트폴리오를 설정하였다고 가정해 보자.

설정 이후 시간이 지나면 각 자산 가격이 변화하여 실제 포트폴리오를 구성하는 그들의 비중이 설정 초기보다 크거나 작게 되는데, 이러한 차이를 목표 비중으로 환원시켜야 할지, 그리고 어떤 주기로 환원시킬 것인가를 선택해야 하는 것이다. 가령, 매일 목표 비중으로 맞추려면 전날 가격이 오른 자산은 매각하고 떨어진 자산은 매수할 것이며, 1년 후 맞추기로 한 매니저는 성과를 모니터링하고 보고서만 작성하면 될 것이다.

한편, 목표 비중과의 차이는 자산별 가격 변동으로 발생할 뿐 아니라 매니저가 의도적으로 특정 자산을 목표 대비 크거나 작게 가져가는 데에서 발생하는데, 그 결과 실제 포트폴리오의 수익률은 목표 대비 차이가 발생한다.

그러므로, 자산별 비중을 조절하는 것 자체가 목표 대비 초과수익 즉, 알파수익의 원천이라 할 수 있으며, 이는 단순히 10개 자산들을 목표 비율로 유지하는 것과 다른 포트폴리오라 할 수 있으므로, '자산배분'은 각 자산들의 총합이 아니라 또 하나의 수익원으로 또 다른 자산이라고 할 수 있다.

여기에서 함께 고려해야 할 사항이 있다. 펀드매니저를 평가하기 위한 기준 수익률도 주기적으로 구성 종목들을 재편한다는 것이다. 가령, 전 세계 주식 가격을 대표하는 MSCI All Country World Index(ACWI)는 1년에 두 번씩 구성 종목을 재구성하면서 편입과 편출을 실시한다. 즉, 인덱스 펀드도 종목 교체를 하는 것이다.

이와 함께, 복수의 자산을 구성하는 혼합형과 복수 자산형 펀드들도 나름의 인덱스가 있고 사전에 정한 시기, 가령 5월 말과 11월 말에 전략 비중으로 자산 비중을 환원한다. 이 과정을 재편 또는 리밸런싱이라고 하며, 이는 상승한 자산을 매각하여 하락한 자산을 매수하는 투자의 기본을 실행하는 과정이다. 수많은 적극형 펀드들보다 인덱스 펀드의 수익률이 우수한 배경이다.

올 한해 시장 흐름을 상징하듯 1월 시장이 높은 변동성을 보여주고 있다. 개별 자산의 변동성이 커질 것이라는 두려움으로 낮은 수익률에 안주하는 것보다, 향후 거시적 환경 속에서 상승할 자산들로 목표 포트폴리오를 설정해야 한다. 일정 주기 또는 적절한 시장 진입과 탈출이라는 대응으로 목표와 다른 비중에 투자하는 것이 '또 하나의 수익원'이 될 수 있을 것이다.

22
2020년, 새로운 10년을 대비하는 운용전략

Bizwatch, 2019. 12. 2.(월)

> 향후 10년, 수익률 낮아지고 변동성 높아
> 기대 수준 낮추되 효과적인 위험 감수

　연말로 접어든 여의도는 연례행사들로 바쁜 모습이다. 국내외 증권회사들을 비롯해 운용회사들이 올해를 뒤돌아 보고 내년의 시장 전망과 대응 전략들을 소개하는 행사들이다.

　최근 수년 동안 국내 주식과 채권의 수익률이 낮은 한 자리 수준으로 부진하면서, 해외 주식, 채권, 그리고 대체자산들에 대한 고객들의 높은 관심을 반영하듯 전략의 주 무대는 글로벌 시장이다.

내년 2020년은 새로운 10년을 시작하는 해로, 각종 분석에서 2010년대와 비교되는 2020년대를 조망할 가능성이 높다. 지난 10년 동안 금융시장에서는 2000년 글로벌 금융위기의 후유증을 치료하기 위한 양적 완화, 금리 인하, 그리고 재정 확대 등 유동성을 공급하는 정책들이 실행되었다.

앞으로 전개될 10년의 금융시장은 어떤 모습일까? 불확실한 가운데에서 분명한 것은 기대 수익은 낮아지고 위험(변동성)은 높아지는 불리한 환경일 것이다.

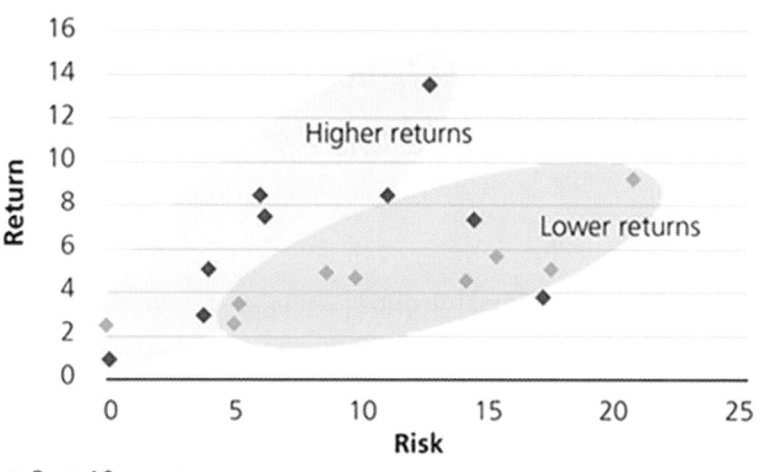

주요 자산들의 수익률&위험

위험은 높아지고 수익은 낮아지는 불리한 시장에 대한 전략은 무엇일까? 먼저 수익률의 기대 수준을 낮추는 일이다. 그리고, 위험을 효과적으로 감수하는 일이다. 향후 금융 자산들의 수익률은 높은 변동성뿐만 아니라 손실률을 보일 가능성이 높기 때문이다.

이와 같이 중간 수준의 수익률과 위험(변동성)을 감수하는 운용 자산들 중 위험자산과 안전자산의 혼합펀드와 자산가치의 상승과 하락에 동시에 투자하는 헤지펀드에 대한 시장의 관심이 높아질 것이다.

특히, 전통자산인 주식과 채권으로 구성된 혼합펀드에서 대체자산까지 포함하는 멀티에셋 펀드들이 효과적인 대안으로 확산될 것으로 기대한다. 그 이유는, 위험에 대한 최고의 대응 방안인 '분산 효과'를 극대화하기 위하여 동일 자산 내 종목들의 상관관계보다 다른 자산들 간의 더 낮은 상관관계를 활용할 수 있기 때문이다.

축구 경기에서 감독의 목표가 골을 넣어 승리하는 것과 같이 투자 운용의 감독인 투자자는 기대 수준의 수익률을 거두는 것이 목표이다. 경기를 앞두고 선발하는 선수들이 포트폴리오에서는 투자 자산들이다. 축구팀의 수비수와 공격수처럼 포트폴리오에서 수익을 지키는 자산과 창출하는 자산이 있어야 한다. 여기에 더하여 축구에서 상대 팀을 누를 수 있는 다양한 전술들을 훈련하는 것처럼 시장에 존재하는 수익 창출 기회를 활용하는 포트폴리오 운용전술을 개발해야 한다.

23
새해를 위한 포트폴리오 운용: 리밸런싱

Bizwatch, 2019. 11. 5.(화)

> 2020년 시장 대응을 준비할 때
> MSCI 리밸런싱처럼 전략배분 조정

벌써 11월이다. 증권시장 특히 해외투자자들에겐 제대로 일할 수 있는 기간은 한 달이다. 12월은 휴가 시즌이라 그들의 참가가 현저히 줄어든다. 그래서 새해를 위한 전략 수립과 포트폴리오 정비도 대부분 11월에 이루어진다.

투자 세계에서 11월에 이뤄지는 중요한 이벤트 중의 하나가 모건스탠리 캐피털 인터내셔널(MSCI)이 관리하는 글로벌 주가지수의 리밸런싱이다. MSCI가 정해둔 규칙에 맞춰 각 지수를 구성하는 국가 또는 종목의 비중을 조정하는 것이며 새로운 종목을 편입하거나 기존 종목을 편출한다.

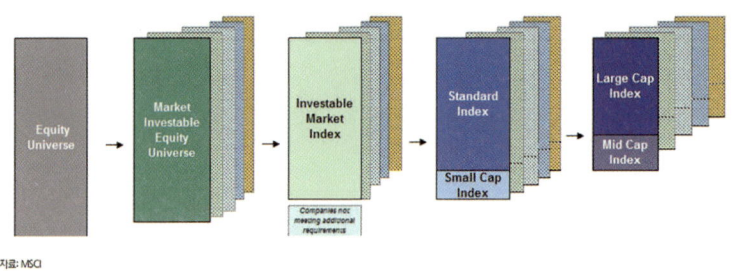

자료: MSCI

MSCI 지수 구성방법

 이와 같은 MSCI의 리밸런싱을 보면서 국내 투자자들이 참조할 만한 사항들을 정리해 봤다. 첫째, MSCI가 지수를 구성하는 규칙을 다시 적용하여 연말에 비중을 조정하듯, 투자자들도 포트폴리오 구성 자산들의 비중을 전략 비중으로 조정하는 리밸런싱이 필요하다.

 이러한 리밸런싱이 인덱스 펀드가 액티브 펀드를 수익률 측면에서 앞서는 이유 중의 하나라고 생각한다. 인덱스 펀드는 1년에 두 번만 매매하는 매우 소극적인 액티브 펀드로서 매매 비용 절감으로 수익률을 제고하는 펀드라고 할 수 있다.

 리밸런싱이 갖는 다른 의미는 가격이 상승한 자산의 이익을 실현하고 하락한 자산의 매입 가격을 낮추는 것이다. 전략배분 당시 설정한 자산별 비중을 초과하거나 부족해진 부분을 돌려놓는 것이 투자 원칙을 지키는 것이다.

둘째, 전략배분 자체를 바꿀 것인가 여부이다. 지난 한 해 동안 자산의 성과가 내년에는 지속되지 않을 것 같은 우려가 강하므로 전략배분을 수정하고 싶기 마련이다. 소위 '동적 자산배분*'의 실시 여부에 대한 고민이다.

기존의 전략배분을 유지하는 이유는 설정 당시 전망했던 대형 변수들을 둘러싼 환경들이 크게 변하지 않을 것이라고 생각하기 때문이다. 무엇보다 지난 10여 년 동안 기조를 이루어 온 중앙은행들의 비둘기적 정책이 이어지고 있으며, 무역분쟁의 여파가 제조업에서 서비스업까지 전이되지 않을 것으로 전망하기 때문이다.

주식시장이 역사상 최고 수준을 기록하고 있는 미국 시장에서도 연방준비은행은 보험 차원에서 정책 금리를 인하하고 보유 자산의 매도를 중지하는 등 단기 유동성을 공급하고 있으며, 유럽중앙은행(ECB) 또한 경기 부양을 위하여 양적 완화 정책들을 다시 가동하기로 결정했다.

---

* 정적 자산배분과 달리 시장 상황, 투자자의 목표, 위험 감수 능력 등에 따라 자산군 투자 비중을 유동적으로 조정하는 투자전략입니다. 시장 변화에 능동적으로 대응하고, 수익률을 극대화하며 위험을 최소화하는 것을 목표로 합니다.

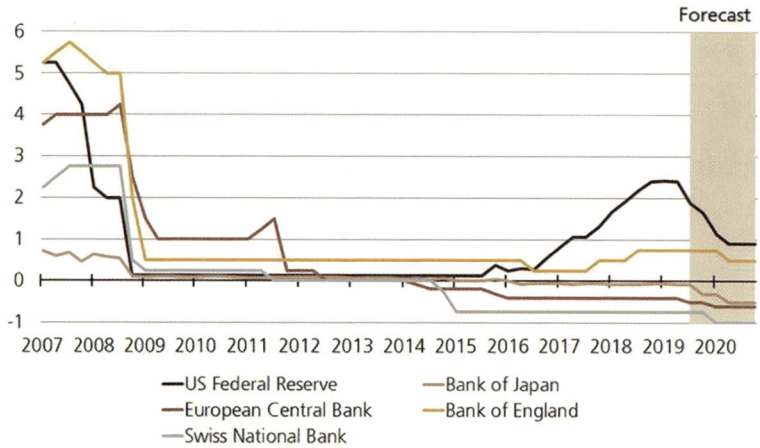

 끝으로, 전략배분을 유지하는 가운데 구성 자산의 질적인 변화를 가져갈 필요성이다. 자산의 비중은 유지하지만 구성하는 세부 자산을 다르게 가져가는 것으로, 가령 동일한 지역의 주식을 시가총액 기준의 S&P 500 대신 주가 기준의 다우존스 30에 투자하는 것이다. 성장률은 둔화하고 저금리 저물가 상황이 심화하는 가운데 풍부한 유동성의 흐름에 변화가 올 때를 대비하는 것이다.

24
"미국 금리 인상되면 변동성 폭발… 자산배분 실패하면 큰일"

머니투데이방송(MTN), 2016. 10. 18.(화)

▎2년째 맞은 행복노하우 연금펀드에 애착

연말 미국 금리 인상으로 글로벌 시장의 변동성이 점차 확대될 것으로 예상되는 가운데 이장호 하나UBS자산운용 글로벌운용본부장은 자산배분 전략을 통한 리스크 관리가 더욱 중요해질 것이라고 강조했다.

전통자산인 주식이나 채권과 상관관계가 낮은 자산군으로 포트폴리오를 구축해 변동성을 축소하고, 동시에 타이밍 매매에서 발생하는 비용을 최소화해 수익률을 높여야 한다는 것이다.

최근 금융당국이 펀드 위험등급 산정기준을 자산별 분류가 아닌 변동성으로 바꾼 것과 관련, "앞으로 샤프 비율(Sharpe Ratio)* 즉, 변동성 대비 수익률의 비율이 펀드 평가의 중심이 되어야 한다"고 말했다.

그는 하나UBS자산운용에서 선보인 지 2년째를 맞은 행복 Knowhow 연금펀드가 포트폴리오 분산 효과를 내고 있다며 남다른 애정을 나타냈다.

다음은 이장호 본부장과의 일문일답.

Q. 앞으로 글로벌 시장 전망은?
A. 미국의 추가 금리인상, 유럽과 일본 중앙은행의 양적완화 정책의 중단, 원유를 비롯한 상품 가격 상승에 따른 인플레 등이 시장의 변동성을 확대시킬 것으로 전망한다. 그래서 주식과 채권의 가격이 재편될 것으로 본다.
Q. 어떻게 대응해야 하나?
A. 2008년 이후 자산 간 상관관계에 변화가 생겼다. 각국 중앙은행의 양적완화가 계속되면 주식과 채권의 가격이 동시에 올라가 이전처럼 주식과 채권으로는 분산 효과를 누리기 힘들게 되었다. 다른 자산도 포함해야 분산 효과를 누릴 수 있다. 즉, 주

---

* 금융에서 투자 성과를 평가함에 있어 해당 투자의 위험을 조정해 반영하는 방식이며, 윌리엄 F. 샤프(William F. Sharpe)의 이름을 따 명명되었습니다. 샤프 비율은 투자 자산 또는 매매 전략에서, 일반적으로 위험이라 불리는 편차 1단위당 초과수익(또는 위험 프리미엄)을 측정합니다.

식이나 채권과 상관관계가 낮은 자산에 함께 투자하면 변동성을 낮출 수 있다. 대체자산 비중을 확대하되 부동산에 대해서는 지역적으로 차별화해 선별투자를 해야 한다.

Q. 분산 투자 해야 하는 이유는?
A. 절대수익률이 높으면 물론 좋다. 그러나 수익률 수준을 예측하기 어렵다. 연초에 미국 연준이 금세 금리를 올릴 것으로 생각하고 채권 가격이 떨어지니 주식으로 옮기는 움직임이 많았다. 그런데 전망과 다르게 글로벌 채권 수익률이 현재까지 8~9%에 달한다.

Q. 분산투자 효과를 제대로 누리지 못한 경우도 있다.
A. 주식만 하더라도 글로벌 투자가 보편화되고 코스피 외 선택할 대안이 많아졌다. 그만큼 특정자산을 선택하기 어려워진 측면이 있다. 그런데 국내에선 부동산이나 채권에 투자하면서 안전자산에 투자한다고 생각하고, 반대로 해외투자는 공격적인 주식으로 하는 경우가 많다. 이를테면 브라질에만 투자를 하거나 중국 자산에 레버리지를 사용해 투자한다. 분산을 하긴 하는데 제대로 못하는 것이다.

Q. 그럼 어떻게 해야 하나?
A. 장기 분산투자가 중요하다는 것을 알면서도 막상 실행하기는 쉽지 않다. 탐욕과 공포를 줄여야 한다. 탐욕이 클수록 변동성

을 감수하는데 크게 오르는 만큼 크게 내린다는 것도 유념해야 한다. 시장이 올라갈 때 늘 신경을 쓰고 자산을 넣었다 **빼**는 방식으로 매매타이밍에 포커스를 맞추게 된다. 그러면 매매 비용이 발생해 수익률이 떨어지게 된다. 반대로 자산가치가 떨어지면 공포가 커져 장기투자가 어려워진다.

Q. 변동성을 구체적으로 설명해 달라.
A. 앞서 금융감독원에서 펀드 위험등급 기준을 변동성으로 변경하였다. 이는 변동성이라는 개념을 일반 투자자에게 알리는 데 긍정적으로 작용할 것으로 보인다. 나아가 위험조정수익률에 따른 평가방식에 대한 관심도 커져야 한다. 샤프 비율은 펀드가 감수한 위험 대비 수익률의 비율을 의미하는데, 펀드의 안정적 수익 창출 능력을 비교하는 것으로 비율이 높을수록 우수한 펀드다. 즉, 상대적으로 위험은 적게 감수하면서 얼마나 많은 수익을 냈는지가 중요하다. 외국의 경우 샤프 비율에서 나아가, 펀드가 감수한 추적오차 대비 초과수익의 비율을 의미하는 정보 비율도 운용사 선정[*]에 반영한다.

Q. 자산 배분에 따른 변동성 축소 효과는 어떤가?
A. 자산 배분 펀드는 다양한 자산들 간의 낮은 상관관계를 활용해

---

[*] 정보 비율(Information Ratio, IR)은 투자 성과를 평가하는 지표 중 하나로, 특정 포트폴리오가 벤치마크 대비 얼마나 높은 초과수익률을 달성했는지, 그리고 그 초과수익률이 얼마나 일관성 있게 발생했는지를 보여주는 지표입니다. 정보 비율은 벤치마크 수익률을 초과한 수익률을 벤치마크에 대한 추적 오차로 나눠 계산하며, 높은 정보 비율은 더 우수한 투자 성과를 의미합니다.

총수익률의 변동성을 축소할 수 있다. 포트폴리오 분산효과를 얼마나 낼 수 있는지가 중요하다. 출시 2년을 맞은 하나UBS 행복노하우 연금펀드는 국내 주식·채권을 비롯하여 선진국·이머징 주식, 선진국 국채·회사채, 원자재와 부동산, 헤지펀드를 포함한 대안 자산들에 분산투자 한다. 2014년 9월 25일부터 2년간 다른 회사의 적극적 자산배분펀드와 비교해 봤을 때 행복노하우 2035의 경우 샤프비율이 0.13으로 우수했다. 글로벌 채권을 제외하고 다른 자산군의 시장환경이 우호적이지 않았음에도 경쟁사의 자산배분 펀드보다 총수익률이 높다는 점에서 선방했다고 생각한다.

Q. 펀드의 또 다른 특징이 있나?
A. 은퇴 시점에 맞춰 자산배분을 자동적으로 실시해 투자 위험을 관리하는 것이 또 하나의 특징이다. 행복 노하우펀드는 고객의 은퇴시기가 다가올수록 위험자산을 줄이고 안전자산을 늘리면서 은퇴 시기에 안정적인 연금을 수령할 수 있게 설계된 상품이다. 미국에서는 Target Date Fund(TDF)라고 불린다. 미국에서 퇴직연금 시장의 약 25%를 차지하고 있으며 지속적으로 확대될 것으로 보인다. 국내에서는 삼성자산운용도 상품을 내놓았는데 다른 회사 상품들이 추가로 출시되어 시장의 파이를 키워주면 좋다고 본다.

25
"금리 인상 대비 대체투자 늘려야"

서울경제, 2015. 5. 21.(목)

"미국의 금리 인상 이후 확대될 변동성에 대비해 헤지펀드 등 대체투자 비중을 늘려야 합니다"

이장호 하나UBS자산운용 글로벌운용본부장은 21일 여의도에서 열린 기자간담회에서 미국의 금리 인상에 적극적으로 대비해야 한다고 강조했다.

이 본부장은 "UBS가 올해 헤지펀드(3%)를 포함해 대체투자 비중을 전년(15%)보다 3%포인트 늘리고 채권은 38%에서 35%로 줄였다"며, "하나UBS운용 역시 채권 대신 헤지펀드 투자 비중을 늘려 나갈 계획"이라고 밝혔다. 그는 "금리 인상으로 신흥국 채권 가격이 하락할 수 있기 때문에 채권 비중을 줄이는 것"이라며 "다만 미국을 비롯해 글로벌 증시의 주가순자산(PBR)과 주가순이익(PER)이 높은 수준이 아니라고 판단해 주식 투자 비중은 유지할 것"이라고 덧붙였다.

하나UBS운용이 헤지펀드 투자 비중을 늘리는 것은 헤지펀드 수익률이 주식·채권 등 시장 상황과의 상관관계가 낮기 때문이다. 이 본부장은 "하반기 미국의 금리 인상이 예상되고 있어 금리에 구애받지 않고 수익을 올릴 수 있는 헤지펀드가 유망하다"며 "미국이 금리를 인상하면 신흥국으로부터 자금이 이탈하고 증시 불안정성이 커질 수 있기 때문에 미국을 비롯한 선진국 투자 비중을 늘릴 것"이라고 말했다.

26
불안한 증시…
변동성 잡는 펀드 전략은?

머니투데이방송(MTN), 2018. 10. 16.(화)

앵커: 미중 간 무역분쟁을 비롯한 각종 불확실성 요인에 증시가 흔들리고 있습니다. 증권사들은 코스피 저점을 잇달아 하향 조정하기도 했고요. 주식 비중은 줄이고 현금 비중을 늘리라는 권고까지 나오기도 했습니다.

그만큼 증시를 둘러싼 여건이 녹록치 않지만 반등에 대비한 전략을 선제적으로 준비해야 한다는 목소리도 높아지고 있죠. 주식을 비롯한 위험자산 투자를 이어가는 한편, 다른 자산에 분산 투자 하여 변동성을 줄일 필요가 있다는 겁니다. 분산 투자 전략을 한번 짚어보겠습니다.

이 기자, 지난주 검은 목요일 증시가 크게 급락한 뒤 출렁이는 모습을 보이고 있는데요. 시장에 영향을 미치는 불확실성 요인을 짚어 보죠.

기자: 증시를 흔드는 요인 중 하나로 미중 간 무역분쟁이 꼽히는데요. 환율조작국 이슈가 증시 불확실성을 키웠죠. 미국이 중국을 환율조작국으로 지정할 경우 갈등이 더 심화될 수 있다는 것인데요.

환율조작국은 제품 가격경쟁력을 확보하여 자국의 수출을 늘리기 위해 인위적으로 외환시장에 개입하는 국가를 말하는데요.

공식 발표는 나지 않았지만 미국이 중국을 환율조작국으로 지정하지 않고 관찰대상국으로 유지하기로 잠정적으로 결론을 지었다는 소식이 들려오고 있거든요. 증시 투자 관점에서 봤을 때 환율조작국 지정에 따른 최악의 상황을 피할 수 있는 것처럼 보이지만요. 만약 관찰대상국으로 유지가 되더라도 미중 정상회담이 열리기까지 두 나라 간 줄다리기가 이어질 예정이지 않겠습니까. 이에 불확실성 요인이 좀처럼 가라앉지 않을 것으로 보입니다.

앵커: 시장 변동성을 키우는 또 다른 요인을 살펴보죠. 검은 목요일을 부른 미국발 쇼크 중심에는 기술주가 있었습니다. 그런데 기술주 실적 발표가 임박해 있죠?

기자: 내일 새벽 미국 대표 기술주 실적이 발표될 예정인데요. 오

늘 미국 증시가 일제히 하락 마감했습니다. 애플을 비롯해 일부 기술주 하락이 눈에 띄는데요. 애플의 경우, 중국에서 새로운 아이폰에 대한 수요가 위축될 수 있다고 실적 둔화 우려감을 표명했고요. 아마존은 우체국 배송비 인상에 따른 실적 둔화 가능성이 제기됐습니다.

키움증권 분석 자료를 보면, 골드만삭스 등 주요 투자은행들이 관세 문제 등 미중 무역분쟁 여파로 2019년 S&P 500 영업이익 전망치를 낮춘 것이 증시에 영향을 미친 것으로 보고 있는데요. 최대 15% 하향 조정될 수 있다는 주장을 했다고 합니다. 다만, 중국의 대미 수출 가격이 관세 부과에도 불구하고 하락 중이라는 점을 감안하면 미국 기업들의 실적 둔화가 급격히 진행될 가능성은 높지 않다는 진단을 덧붙였습니다.

앵커: 미국을 비롯해 글로벌 경기의 불확실성에 증시가 좀처럼 반등하지 못하고 당분간 지지부진한 흐름을 이어갈 수 있다는 진단도 나오는데요. 운용사 펀드 전략은 어떻습니까?

기자: 그렇다 보니 가장 보수적인 전략을 제시하는 증권사 쪽에서는 주식 비중을 줄이고 현금 비중을 늘리라는 권고까지 하기도 했습니다.
투자전략에 대해 다양한 의견이 제시되고 있지만 이럴 때일수록 코어 새틀라이트 전략으로 대응해야 한다는 의견도 나오고 있는데요.

기본적으로 다양한 자산에 분산 투자 해 변동성을 낮추는 한편 주식에 대한 투자는 이어가는 전략을 쓸 때 활용됩니다.

시장 변동성이 커질 때는 주식 같은 위험 자산군을 조금씩 환매해서 다른 자산군으로 대피해 있는 것인데요. 시장 상황의 악화에 따른 여파가 적은 대체 자산이 예가 될 수 있겠죠. 분산 전략으로 주식 투자는 축소하였다가 시장 조정기가 끝나면 다시 주식 비중을 늘리는 것이죠.

펀드에 분산 투자 하는 식으로도 전략을 짤 수 있는데, 예를 들면 시장 변동성이 커질 때는 주식형 펀드 같은 위험 자산군을 환매해 멀티에셋 펀드에 담는 식으로, 여기엔 주식과 대체자산 등 다양한 자산이 포함돼 있으니까 일정 부분 주식에 대한 투자를 이어갈 수 있는 것이고요.

이렇게 안정성 위주로 자산관리를 하다가 시장 조정기가 끝나면 다시 주식형 펀드로 일부 자산을 옮겨 초과수익을 노릴 수 있다는 겁니다.

전문가 인터뷰 들어보겠습니다.

이장호/하나UBS자산운용 본부장: 미국이 먼저 좋고 유럽도 회복을 하고 있고 이머징도 따라갈 것으로 생각해서 이번 글로벌 경제

사이클이 올해 말 또는 내년 상반기로 끝나지 않는다는 매크로 전망을 가지고 있기 때문에 아직까지는 다양한 자산들을 가지고 시장에 머물러 있는 것이…

앵커: 어떤 자산에 분산 투자 하느냐가 중요할 것 같은데요. 주가 변동성에 대응할 수 있는 자산군이 어떤 것이 있습니까?

기자: 기본적으로 주식을 위험자산, 채권을 안전자산으로 분류합니다. 그런데 이 두 자산을 섞은 자산배분 전략으로 변동성을 관리하는 것도 예전 이야기이고, 포트폴리오에 대체자산을 꼭 포함해야 한다는 것이 전문가들의 진단입니다.

상관계수라는 용어가 있습니다. 자산군 간 상관계수가 높으면 투자 수익률이 크게 출렁입니다. 반대로 상관계수가 낮을수록 한 자산군의 수익률이 악화될 때 다른 자산군에서 성과를 낼 가능성이 높아 안정적으로 수익률을 방어할 수 있는데요.

그런데 주식과 채권의 상관계수가 낮은 것도 옛말이고 지금은 대체자산이 상관관계가 낮기 때문에 대체자산을 포함시켜 분산 효과를 노려야 하는데요.

여느 대체자산보다 헤지펀드 자산군이 적격이라는 설명입니다. 변동성을 낮추려면 어느 정도 기대 수익률을 좀 포기해야 하는 경향이 있는데 헤지펀드는 변동성을 낮추면서 수익에 대한 기대를 크게 낮추지 않아도 된다는 것이죠.

전문가의 이야기를 한번 들어보겠습니다.

이장호 본부장: 멀티에셋으로 분산 효과를 높인다고 할 때 기존의 주식, 채권, 상품을 넣은 혼합형보다 헤지펀드를 추가하면 수익을 유지하면서 변동성은 낮출 수 있다고 봅니다.

앵커: 다양한 대체자산군에 분산 투자 하는 펀드도 눈길을 끌고 있는데요?

기자: 네, 대체자산에서 나오는 고정수익으로 안정성을 추구하는 전략인데요. 부동산, 인프라주식, 우선주, 채권 등을 혼합하는데, 고정수익, 즉 인컴 수익률이 높은 자산군으로 포트폴리오를 구성하는 것인데요.

원래 변동성이라는 것이 공급과 수요 변화에 따라 발생하는 것인데, 특히 인프라 자산 같은 경우 독점적 구조, 규제산업이라는 특성에 비춰봤을 때 공급과 수요 변화에 따른 변동성 여파가 적다는 것이고요.

실물 자산 분산펀드는 인프라 외에 부동산이 주요 투자 대상인데요. 상장 부동산 리츠와 인프라를 비교해 보면 이 두 가지 대체자산 군 간에도 상관관계가 적어 분산 효과를 높일 수 있다는 것이 전문가들의 설명입니다. 최근 한화자산운용에서 간담회를 열고 글로벌 리얼에셋 펀드 전략을 소개했는데 이 같은 분석을 내놨고요.

최근 변동성을 방어한 사례를 이야기했는데요. 박찬욱 한화자산운용 솔루션사업본부 매니저는 "올 초 미국 10년물 국채 금리가 급등했을 때 글로벌 증시는 9% 급락한 뒤 높은 변동성을 이어갔는데, 리얼에셋 펀드는 4% 하락하는 데 그친 뒤 상승세를 보였다"고 말했습니다.

분산 투자 효과가 빛을 발했다는 설명인데요. 상장 인프라와 리츠를 비롯한 대체자산, 우선주, 하이일드 채권 등 15개국 다양한 자산에 투자하고 있습니다. 대체자산을 활용해 주식시장 투자의 불확실성을 줄이는 다양한 펀드가 나와 있는데, 이들 전략에 눈여겨볼 필요가 있겠습니다.

앵커: 네, 이 기자 잘 들었습니다.

27
글로벌 자산배분 투자의 '오해와 진실'

최재원 증권부 기자
매일경제, 2017. 3. 20.(월)

▎투자위험 낮추고 10년 수익률이 주식보다 높아

　은퇴를 앞둔 50대 직장인 권 모 씨는 요즘 속이 쓰리다. 그는 1년 전 이맘때 올림픽 특수를 노리고 브라질 펀드 투자를 계획했었다. 하지만 증권사 영업점 프라이빗뱅커(PB)로부터 "브라질은 위험하니 자산배분형 펀드에 가입하시라"는 설명을 듣고 글로벌 자산배분 펀드에 가입했다. 그가 가입한 펀드는 1년 새 7%대 수익률을 올렸지만 같은 기간 브라질 펀드는 70%가 넘는 수익률을 기록했다. 권 씨는 "이럴 줄 알았으면 마음먹었던 대로 브라질 펀드에 가입할 걸 아쉽다"면서 "지금이라도 다른 펀드로 갈아탈지 자산배분 펀드를 그대로 가져갈지 고민"이라고 말했다.

연초를 맞아 올해 투자 바구니에 어떤 금융상품을 담아야 할지 고민하는 투자자들이 적지 않다. 개별 종목보다 분산 투자가 안정적이라는 걸 알기에 펀드를 비롯한 간접 투자 상품을 저울질하지만, 더 나은 수익을 위해 특정 지역이나 업종에 집중 투자하는 상품에 대한 욕심마저 버리기는 쉽지 않았기 때문이다.

1%대 저금리로 들어선 이후 전문가들이 2~3년 전부터 글로벌 자산배분을 투자의 모범답안처럼 얘기하고 있다. 하지만 투자자 입장에선 '과연 믿어도 될까' 하는 의구심이 든다. 매일경제 럭스맨이 고심하는 투자자들을 위해 글로벌 자산배분을 둘러싼 '오해와 진실'을 세 가지 포인트로 꼼꼼히 따져봤다.

자산배분하면 실제 수익률 좋아지나?

투자자들이 금융상품을 선택하는 데 있어 가장 먼저 관심을 갖는 것은 두말할 나위 없이 '수익률(Return)'이다. 매일경제는 증권정보업체 와이즈에프엔파트너스에 의뢰해 국내 주식, 해외 주식, 해외 채권, 부동산, 자산배분 등 다섯 가지 유형 자산의 최근 5년(2012~2016년) 및 최근 10년(2007~2016년) 연평균 수익률을 비교했다.

국내 주식은 '박스피(박스권에 갇힌 코스피)'란 별명처럼 최근 5년 연평균 수익률이 고작 2.2%에 불과하다. 예금 금리보다는 높지만 손실

위험을 감안하면 결코 만족할 만한 수익률이 아니다. 글로벌 자산은 어땠을까. 최근 5년 연평균 수익률이 글로벌 주식(MSCI 월드 지수)은 13.7%, 글로벌 채권(미국 국채 10년물)은 2.8%, 부동산(iShares US리츠 ETF)은 14.5%를 각각 기록했다. 개별 자산만 따져도 국내보다는 해외로 투자 대상을 넓히는 건 반드시 필요한 일이다.

주식 40%, 채권 40%, 부동산 20%의 비율로 글로벌 자산배분 투자를 했을 경우 최근 5년간 연평균 수익률은 9.5%다. 주식이나 부동산과 비교하면 낮지만 채권보다는 월등히 높은 수익률이다. 투자 기간을 2007년부터 2016년까지 10년간으로 넓혀 봐도 결과는 마찬가지다. 10년간 연평균 수익률이 글로벌 주식은 9.5%, 채권은 11.8%, 부동산은 8.4%인데 자산배분은 채권 다음으로 높은 연평균 10.2%의 수익률을 기록했다.

이장호 하나UBS자산운용 글로벌운용본부장은 "높은 수익률만 지향하는 투자자라면 자산배분 투자가 답답하게 느껴져 맞지 않을 수 있다"면서 "자산배분 투자는 중장기 관점에서 올라갈 때 좀 덜 먹더라도 시장 수익률이 급격히 안 좋을 때 손실을 줄이려는 목적으로 접근해야 후회하지 않을 것"이라고 지적했다.

자산배분하면 위험이 정말 줄어드나?

　연평균 변동성 11%로 주식 부동산보다 낮아 대다수 투자 전문가들은 자산배분을 하면 비슷한 수익을 내더라도 손실위험을 낮출 수 있다고들 한다. 금융 자산의 '위험'을 측정하는 지표는 변동성이다. 변동성은 월간 자산 가격의 변동폭을 연 환산한 것으로 1년 동안 위아래(±)로 발생 가능한 수익률의 진폭을 뜻한다. 예를 들어 수익률이 10%이고 변동성이 10%라고 하면 많은 투자자들의 실제 수익률들이 0~20% 사이에서 달라질 수 있다. 지난 5년간 글로벌 주식의 연평균 변동성은 11.3%, 채권은 5.6%, 부동산은 13.2%로 집계됐다. 부동산의 투자 위험이 가장 높고 채권의 위험이 가장 낮았다는 얘기다. 주식 자산도 브라질이나 러시아 등 신흥국 개별 국가로 따지면 변동성이 훨씬 높아진다.

　주식 40%, 채권 40%, 부동산 20%의 비율로 자산배분 투자를 했을 경우 최근 5년간 연평균 변동성은 6.7%다. 주식이나 부동산보다 훨씬 안정적이고 채권의 위험도와 비슷한 수준이다. 위험 대비 수익을 나타내는 '샤프지수(수익률/변동성)'를 최근 5년간 따져보면 자산배분은 1.42로 주식(1.21), 채권(0.51), 부동산(1.10)보다 높다. 투자자 입장에선 자산배분 투자를 해볼 만한 근거로 받아들여도 무방하다는 지적이다.

　투자 기간을 최근 10년으로 넓혀 보면 자산배분 투자의 위험 감소 효과는 더욱 두드러진다. 자산배분 투자의 최근 10년 연평균 변동성은 11.0%다. 2008년 글로벌 금융위기가 포함된 구간이기 때문에 최근 5년 연평균 변동성에 비해 높아졌다. 하지만 최근 10년간 다른 자산의 변동성과 비교하면 월등히 안정적이다. 같은 기간 주식은 17.2%, 부동산은 25.4%, 채권은 6.7%의 변동성을 기록했다.

김영진 와이즈에프엔파트너스 대표는 "금융위기 이후 미국을 비롯한 주요국들의 기준금리가 지속적으로 내려오면서 지난 10년간 채권이 수익률과 변동성 측면에서 가장 돋보이긴 했지만 이는 독특한 상황이었다는 점을 감안해야 한다"고 말했다. 김 대표는 "기본적으로 주식과 채권은 역상관관계를 보이기 때문에 자산배분 투자를 하면 주식이 오를 때 채권이 내리고 반대로 채권이 오를 때 주식이 내린다. 따라서 변동성을 줄이면서 안정적인 수익을 창출할 수 있다"고 설명했다.

자산배분에도 기술이 필요하다

그럼 자산배분을 해놓기만 하면 위험을 낮추고 수익률을 안정적으로 가져갈 수 있을까. 통상적인(전략적) 자산배분은 1년 내지 3년 단위로 자산배분 비중을 조절한다. 다만 미국 기준금리 인상이나 도널드 트럼프 대통령 당선과 같은 글로벌 자산 시장에 막강한 영향을 미치는 이벤트가 발생했을 때 이에 따른 자산배분 비중 조절이 필요하다.

펀드매니저들은 이러한 운용을 '글로벌 전술적 자산배분(Global Tactical Asset Allocation, GTAA)'이라고 부른다. 전략적 자산배분과 달리 전술적 자산배분은 자산 간 비중 조절 시점을 보통 3개월마다 진행하고, 갑작스러운 이벤트가 발생했을 때 진행한다.

대형 기관투자가들은 이미 4~5년 전부터 본격적으로 전술적 자산배분 투자에 뛰어들었다. 우정사업본부는 지난 2015년 'UBS글로벌자산운용', BNY멜론은행 계열 운용사인 '인사이트', 미국 보스턴에 본사를 둔 인덱스 펀드 전문운용사인 'SSGA' 등 3곳을 총 3억 달러 규모의 GTAA 펀드 위탁운용사로 선정했다. 이에 앞서 해외투자를 전문으로 하는 한국투자공사(KIC)는 블랙록자산운용, JP모간자산운용, 웰링턴자산운용, 모건스탠리운용, UBS운용 등 5곳의 위탁운용사를 통해 총 15억 달러를 GTAA 펀드로 굴리고 있다. 글로벌 투자은행(IB) 모건 스탠리는 GTAA 펀드의 설정액이 지난 2013년 기준 3조 5,000억 달러(약 3,980조 원)에서 2018년 8조 달러(약 9,100조 원)까지 성장할 것으로 전망했다.

그렇다면 전술적 자산배분의 효과는 얼마나 될까. 전술적 자산배분이 국내 도입된 지는 2~3년에 불과해 이를 명확히 입증하는 것은 쉽지 않다. **하나UBS자산운용이 전술적 자산배분을 활용해 지난 2014년 9월 국내에서 처음 출시한 '하나UBS행복노하우2035' 펀드를 기준으로 비교해 보면 2년 4개월간 전술적 자산배분 수익률은 4.3%로 일반 자산배분 수익률 3.6%에 비해 0.7%포인트 앞선 성과**

를 보였다.

설정 3년 이상 성과 검증된 상품 선택해야

현재 국내에 설정된 글로벌 자산배분 펀드는 총 30개, 설정액은 약 1조 원 규모다. 펀드평가사 에프앤가이드에 따르면 글로벌 자산배분 펀드의 평균 수익률(2017년 2월 10일 기준)은 최근 3개월 3.0%, 1년 8.6%, 3년 14.5%, 5년 26.6%로 연평균 5% 수준의 수익률을 비교적 꾸준히 내고 있다. 전문가들은 자산배분 펀드를 선택하는 데 있어 설정 3년 이상 성과가 검증된 상품을 고를 필요가 있다고 조언한다.

3년 전 국내에서 글로벌 자산배분 마케팅이 본격적으로 시작되면서 은행권을 중심으로 3,000억 원 가까이 팔렸던 '블랙록글로벌자산배분' 펀드는 전 세계적으로 가장 유명한 자산배분 펀드다. 최근 1년 수익률은 9.3%로 높은 편이지만 3년 수익률은 8.4%에 불과하다. 2014년 상반기 뭉칫돈이 몰린 이후 2년간 저조한 수익률을 기록하면서 2,000억 원가량 자금이 이탈했다. 다만 최근 5년 누적 수익률은 23.7%로 중위험·중수익 상품으로선 여전히 나쁘지 않은 편이다.

국내에서 가장 많이 팔린 자산배분 상품은 '미래에셋 인사이트' 펀드다. 2007년 10월 31일 첫 설정된 인사이트 펀드는 설정 이듬해 글로벌 금융위기가 터지면서 한때 -50%가 넘는 손실을 기록하기도 했지만 2009년 이후 꾸준히 회복세를 이어가면서 최근 5년간 수익률은 글로벌 자산배분 펀드 가운데 가장 우수한 성과를 내고 있다.

최근 1년 수익률 12.2%, 3년 수익률 17.3%, 5년 수익률은 39.5%에 달한다. 2010년부터 미국 자산배분 비중을 60~70%에 달할 정도로 높게 가져간 것이 우수한 성과의 비결로 꼽힌다. 다만 일각에서는 특정 국가에 편중된 비중 때문에 진정한 자산배분 펀드로 보기 어렵다는 시각도 있다.

국내 펀드 중에선 삼성자산운용이 내놓은 '삼성 글로벌 다이나믹 자산배분' 펀드도 눈여겨볼 만하다. 2015년 8월 처음 설정된 이 펀드는 최근 3개월 2.1%, 최근 1년 7.5%의 안정적 수익률을 이뤄냈다.

적극적이고 효율적인 자산배분을 위해 삼성자산운용은 국내 자산배분팀, 글로벌채권운용팀, 글로벌주식운용팀, 매크로팀, 채권운용본부와 해외 현지법인(홍콩, 뉴욕)으로 구성된 투자위원회를 만들었다. 투자위원회에서 자산, 국가, 거시경제 환경 등을 분석해 정기적으로 투자 비중을 조절한다.

하나금융투자는 2013년 4월 미국·유럽·일본 등 선진국 주가지수와 미국 10년물 국채, 금·원유 등에 분산 투자 하는 GTAA지수를 개발했다. 이를 추종하는 펀드와 파생결합상품(DLS)을 지난 3년 동안 5,000억 원 이상 판매했다. 다만 금융당국이 2015년 말부터 복잡한 상품구조를 이유로 절대수익추구형 파생결합상품인 'ARS(Absolute Return Swap)' 판매를 규제하기 시작하면서 현재는 잔고가 크게 줄어든 상태다.

저비용 자산배분 수단

'로보 어드바이저' 관심

지난해부터 국내에서 관심을 끌기 시작한 '로보 어드바이저(Robo-Advisor)'도 전술적 자산배분 전략을 활용하는 상품이다. 로봇(Robot)과 투자자문가(Advisor)의 합성어인 로보 어드바이저는 알고리즘에 따라 자동으로 운용자문 서비스를 제공하는 로봇 펀드매니저다. 미국의 경우 2010년부터 웰스프런트와 베터먼트 등 금융업체들이 자문 서비스를 제공하고 있다. 작년 말 기준 해당 업체가 150여 개에 달한다. 한국도 작년 10월부터 시작된 금융위원회의 테스트베드(코스콤 주관)에 35개 업체가 참여하고 있다.

로보 어드바이저 주요 투자 대상은 상장지수 펀드(ETF)다. ETF는 주식처럼 온라인으로 실시간 거래가 가능하고 주식과 채권뿐 아니라 원자재·환율·부동산 등 거의 모든 자산에 투자할 수 있기 때문이다. 국내 1호인 쿼터백 자산운용의 경우 미국 주식시장에 상장돼 있는 글로벌 ETF 2,500개의 특징과 성과, 상관관계 등을 데이터베이스로 구축해 투자자의 요구와 시장 상황에 따른 포트폴리오를 제공한다. 양신형 쿼터백 자산운용 대표는 "저금리·저성장 시대에 예금 금리 이상의 수익을 안정적으로 만들어 내려면 글로벌 자산배분이 필요한데 이것을 사람이 하려면 비용이 많이 들 수밖에 없다"면서 "로보 어드바이저를 활용하면 기존 자산배분 펀드(약 2%)의 절반인 1% 수준의 저렴한 투자비용으로 전술적 자산배분을 할 수 있다는 게 장점"이라고 말했다.

로보 어드바이저를 활용한 자산배분 펀드는 8개 공모펀드가 설정돼 있다. 다만 아직까지 성과는 신뢰를 얻기엔 부족한 수준이란 평가다.

2월 10일 기준 지난해 4월 설정된 '키움쿼터백글로벌자산배분' 펀드는 채권혼합형 기준 최근 9개월 수익률 −0.8%, 최근 3개월 수익률 −1.4%를 기록하고 있다. 주식혼합형으로 설정된 펀드의 경우 3개월 수익률이 0.8%로 나은 편이다. 지난해 9월 채권혼합형으로 설정된 'NH아문디디셈버글로벌로보어드바이저' 펀드도 최근 3개월 수익률이 −1.5%로 역시 저조하다.

로보 어드바이저 펀드의 초기 성과가 부진한 것은 대부분이 채권혼합형으로 설정돼 있는데, 미국 도널드 트럼프 대통령 당선 이후 인플레이션 우려로 채권의 투자 수익률이 하락했기 때문이란 분석이다.

진성남 하이자산운용 이사는 "현재 출시된 자산배분형 펀드 상당수가 주식혼합형 내지 채권혼합형으로 설정돼 시장 상황에 따른 진정한 자산배분에 한계가 있다"면서 "혼합 재간접형 상품을 선택해야 자유자재로 투자 자산을 바꿔 담을 수 있다"고 말했다.

28
단일펀드론 한계
'多 담는 멀티에셋' 어떨까?

강봉진 기자
매일경제, 2014. 8. 21.(목)

> 올해 수익률 7.99% 단일 자산 펀드보다 크게 앞서가
> 주식·채권 편입 비중 투자 지역 따라 큰 차…
> 옥석 가리기 필요

   정부의 증시 활성화 노력에 힘입어 지난해 글로벌 주식시장 상승세에서 소외됐던 국내 증시가 꿈틀거리고 있다. 이에 따라 공모주와 배당주 펀드에 대한 투자자 관심이 높아지고 있지만 국내 자산운용 업계가 안고 있는 고질적인 문제점인 쏠림 현상에 대한 지적과 함께 다양한 자산과 지역을 조합한 투자, 즉 멀티에셋 펀드(자산배분 펀드)에 대한 관심이 필요하다는 의견이 나오고 있다.

멀티에셋 펀드란 시장 전망에 근거해 고객 수익률과 목표 위험에 맞게 자산을 조합하는 펀드를 말한다. 투자 대상이 주식과 채권 등 전통자산에서부터 헤지펀드 등 대체투자까지 다양하며, 투자 지역도 미국 유럽 등 선진국에서부터 아시아 등에 이르기까지 폭넓게 가능하다는 점이 특징이다. 펀드평가사 에프앤가이드에 따르면 지난 19일 기준 국내에서 10억 원 이상으로 설정된 멀티에셋 펀드는 29개로 설정액 규모는 총 3,143억 원 수준이다.

2012년 초 200억 원가량에 그쳤던 멀티에셋 펀드는 블랙록과 슈로더 등 글로벌 자산운용사가 공격적으로 멀티에셋 펀드를 국내에 내놓으며 2013년 6월 설정액이 1조 원을 넘어서기도 했지만, 이후 환매가 진행돼 당시 대비 1/3 수준까지 규모가 줄었다.

전문가들은 멀티에셋 펀드의 최근 수익률에 주목하라고 주문한다.

에프앤가이드에 따르면 올해 멀티에셋 펀드 운용 수익률은 7.99%로 국내 주식형 펀드 수익률(1.99%), 국내 채권형 펀드 수익률(2.8%), 해외 주식형 펀드 수익률(3.16%) 등 대부분 단일 자산 펀드 수익률을 넘어선다. 이 같은 수익률 격차는 기간을 1년(10.39%)으로 늘려 잡아도 역시 국내 주식형(7.97%), 해외 주식형(9.01%) 등을 웃도는 수준이다.

하나UBS글로벌에셋셀렉션해외증권펀드(재간접형 C)는 올해 들어 11.4%, 슈로더아시안에셋인컴펀드(재간접형 A·C)는 10%대 수익을 냈다. 전문가들은 현재 재테크 상황에서 멀티에셋 펀드로 쏠리는 관심은 자연스럽다고 분석한다.

2008년 글로벌 금융위기 이후 동일 자산 내에서 전략 차별화는 의미가 없다는 것이 드러났으며 매년 최고 수익률을 내는 자산 역시 달라지고 있다는 것이다. 글로벌 투자은행(IB)인 UBS에 따르면 최근 10년간 가장 높은 수익을 냈던 자산은 2004년과 2006년 부동산, 2008년 머니마켓 펀드(MMF), 2009년 미국 하이일드 채권, 2013년 미국 주식 등으로 매번 바뀌었다. 개별 자산의 선택이 그만큼 어려운 투자 환경으로 바뀌었으며 과거 수익률이 향후 수익률을 약속할 수가 없게 된 것이다.

이장호 하나UBS자산운용 글로벌운용본부장은 "많은 글로벌 운용사들이 저마다 노하우를 이용해 최적의 자산배분을 하지만 정답은 없다는 것이 결론"이라며 "이 같은 배경에서 탄생한 것이 멀티에셋 펀드"라고 설명했다. 실제 멀티에셋 펀드 운용 방법인 전략적 자산배분(5~7년 중장기 시장 전망에 근거해 목표 포트폴리오를 수립하는 것)은 주요 외국 연기금에서도 그 성과가 나타나고 있다.

캐나다 연기금 컨설팅회사인 CEM 벤치마킹에 따르면 전 세계 글로벌 연기금의 21년간 연평균 수익률이 9.38%로 이 중 전략적 자산배분으로 결정된 수익률이 8.86%에 달하는 것으로 나타났다. 하지만 멀티에셋 펀드라고 해서 위험이 없다고 단정하는 건 금물이다.

개별 멀티에셋 펀드별로 주식이나 채권 등 운용 자산 비중이 실제 어느 정도인지가 개별 펀드의 수익률과 위험을 좌우하는 데다 투자 지역 역시 미국이나 아시아 등으로 대상을 한정하는 펀드가 있기 때문이다.

자산운용업계 관계자는 "선진적인 자산운용 업력을 가진 글로벌 운용사들이 멀티에셋 펀드 시장을 선도해 왔지만 여기서도 옥석 가리기가 필요하다"며 "실제 자산이 어떻게 배분돼 있고 이에 따른 기대 수익률이 어떠한지를 꼼꼼히 살펴야 한다"고 조언했다. 하나UBS자산운용 등 국내 운용사들도 과거 멀티에셋 펀드보다 향상된 펀드 출시를 준비 중이다.

29
"글로벌 변동성 확대…
단기투자전술 필요"

이가희 기자
매일경제, 2015. 5. 21.(목)

▌통화정책 변화 · 유가 하락 등 외부 요인 영향 커

최근 유동성 장세가 이어지면서 이에 대한 단기적 전술이 필요하다는 지적이 나오고 있다.

하나UBS자산운용은 21일 서울 여의도에서 '글로벌 금융시장 변동성에 대응하는 글로벌 전술배분 전략' 기자간담회를 열고 '글로벌 전술적 자산배분(Global Tactical Asset Allocation, GTAA)'에 대한 필요성을 강조했다.

이장호 하나UBS자산운용 글로벌운용본부장은 이날 "주식과 채권 등 자산에 분산 투자 할 경우, 외부 요인에 의해 각 자산의 수익률이 짧은 기간에 변동한다"며 "시장에 유연하게 대응하는 전술인 GTAA가 중요하다"라고 말했다.

GTAA는 펀드 투자의 장기적 배분을 유지하면서도 단기적으로는 시장 기회를 활용해 고객과 약속했던 수익률을 초과하는 성과를 거두는 전술이다. 통화정책 등 환경이 변하면 자산별 기대 수익률에 따라 포트폴리오를 조금씩 수정한다. 안정적인 수익을 거둬 단기 변동에 의한 투자자 이탈을 막는 것도 장점이다.

이 본부장은 2008년 금융위기 이후 이같이 단기 변수에 대비하는 전략이 더욱 중요하다고 평가했다. 호황기엔 미국 주식 투자만으로도 충분한 수익을 거뒀지만 리먼 브라더스 사태 이후 자산별 투자 비중을 조절하고 시장 환경에 대응하는 전략이 주목받았다는 것이다.

2014년에도 미국 채권의 수익률은 떨어질 것으로 전망됐지만 오히려 미국 30년 만기 국채가 가장 높은 수익률을 기록하며 시장의 예상을 비껴가는 등 변수를 예측하기는 더욱 어려워지고 있다.

이 본부장은 "최근 국제 상황도 마찬가지"라며 "GTAA는 6개월 단위로 수정하는 것이 특징"이라고 강조했다. 각국 중앙은행의 통화정책이 일관적이지 못하고 실물 경제에 큰 영향을 주는 유가가 반토막 난 상황에서 유연한 시장 대응이 중요하다는 설명이다. 또한 각국 증시의 저평가 정도가 제각각인 점도 시장을 장기적으로 예측하기 어렵게 만들었다.

이장호 본부장은 "GTAA를 적용하는 것은 쉽지 않지만 매니저의 노력으로 초과수익이 창출한 결과는 많다"며 "여러 자산을 편입해 수익을 거두는 GTAA 전략 상품에 대한 국내 수요는 확대될 것"이라고 내다봤다.

하나UBS운용의 대표적인 GTAA전략 상품으로는 2014년 9월 출시한 '행복knowhow연금펀드'가 있다. 이 펀드는 국내 주식과 채권, 선진국 중심의 주식과 채권을 편입해 운용한다. 그리고, 주식과 채권 가격이 하락할 경우에 대비해 헤지펀드도 편입했다.

30
TDF만으로 퇴직연금 운용 가능

이충우 기자
머니투데이방송(MTN), 2018. 5. 23.(수)

앵커: 투자자의 은퇴 시기에 맞춰 자동으로 주식 등의 비중을 조절해 주는 금융상품을 타깃 데이트 펀드(TDF)라고 하는데요. 이 펀드로만 퇴직연금 자산을 운용하는 방안이 허용됩니다. 퇴직연금상품의 원리금 보장상품 쏠림 현상을 개선하고 저조한 수익률을 끌어올리는 데 기여할지 주목됩니다.

기자: 2017년 퇴직연금들의 평균 수익률은 1.88%로 2016년 1.58%보다 소폭 올랐지만 여전히 2%를 밑돌고 있습니다. 저금리 기조에도 좀처럼 원리금 보장상품 쏠림 현상은 개선되지 않고 있는 점도 영향을 미쳤습니다.

퇴직연금에서 원리금 보장상품 비중은 2017년 기준 91.6%, 이에 금융당국은 타깃 데이트 펀드 투자제한 규제를 완화해 연금상품 다변화에 기여할 수 있도록 하는 방안을 추진하기로 했습니다.

타깃 데이트 펀드, 즉 TDF는 근로자의 은퇴 시점이 가까워질수록 주식 등 위험자산의 비중을 지속적으로 줄이고 안전자산을 늘리는 식으로 안정적인 수익을 추구합니다. 이번 규제 완화로 주식 비중이 80% 이내 등의 기준을 충족하는 TDF는 퇴직연금 자산의 100%까지 투자가 허용됩니다.

현행 규정에 따르면, TDF를 포함해 펀드의 주식 비중이 40%를 넘는 경우 연금 자산의 70%만 투자하도록 제한하고 있습니다.

9월 안에 퇴직연금 감독규정이 완료돼 규제가 개선되면 TDF 활용도가 더 높아질 것으로 전망됩니다.

현재 삼성, 미래, 한투, KB, 신한BNP, 한화, 하나UBS운용이 TDF를 운용하고 있고, 키움운용이 조만간 시장에 새로 진입할 예정입니다(업계 최초의 TDF는 2014년 9월 하나UBS운용이 설정).

전문가들은 자산운용사별로 국내외 위험자산, 안전자산 투자 비중에 차이가 있는 만큼 투자자 성향에 적합한지 전략을 꼼꼼히 따져봐야 한다고 강조합니다.

이장호/하나UBS자산운용 본부장: 장기간에 투자할 만한 다양한 자산에 고르게 분산하는 것이 중요하고, 분산 효과를 최대화하는 자산배분을 중요시하는데 상관관계가 낮은 자산을 동시에 펀드에 넣어서 위험 대비 수익률을 높게 구성하는 것이 중요하다고 생각합니다.

또 장기로 투자할수록 수수료가 성과에 미치는 영향이 크기 때문에, 운용사별로 어떤 차이가 있는지 자세히 들여다봐야 한다고 전문가들은 조언합니다.

2부

첨성대에서 월스트리트, 그리고 여의도

: 한 펀드매니저의 삶을 통하여
한국 증권시장의
국제화 과정을 조명

1
경주, 부산 그리고 서울

나는 삼국시대 신라의 수도인 경주에서 태어나 중학교 3학년 1학기를 마무리하던 시기에 부산으로 전학을 하였다.

부산의 중학교는 전포동에 위치해 집과 상당히 멀었다. 고교 진학을 앞두고 어려운 가정형편을 고려하여 야간대학을 갈 작정으로 상업계 고등학교로 진학하기로 마음먹었다. 선택은 오랜 역사를 가지고 실업계에서 전국 상위권에 들었던 부산상업고등학교(현재 개성고등학교)였다.

입학 이후 알게 된 사실이지만 실업계 학교로서 우수한 학생들을 유치하는 데 한계를 느낀 동문회가 성적이 우수한 중학교 졸업 예정자들을 대상으로 장학금과 대학 진학 지원 등을 제시하며 학생들을 선발하였다고 한다.

중학교 3학년 2학기에 부산으로 전학 온 나에게 그러한 기회가 주어지지 않았기에, 고등학교 입학 후 취업반과 진학반으로 나누는 시점에 대학 진학반이 있다는 사실을 알게 되었다. 고교 졸업 후 취업을 생각하고 있었던 나는 부모님께 반 편성을 위한 적성 시험에 대해 말씀드렸다. 졸업 후 취직 의사를 들은 아버지는 크게 화를 내시며 대학 진학을 위하여 진학반으로 지원할 것을 종용하셨다.

고등학교 3년 생활은 단순한 일상의 반복이었다. 모든 부모님들의 기대처럼 희망 대학에 들어가는 것을 목표로 학교와 도서관 그리고 집으로 이어지는 일상이 이어졌다.

나의 서울대학교 합격은 뒷바라지하셨던 부모님께 큰 기쁨이었다. 보세 공장과 섬유 회사에서 힘든 노동을 하셨던 아버지와 일급을 받으며 가정을 방문하여 청소와 빨래를 마다하지 않으셨던 어머니에게 큰 위안이 되었다.

2
서울대 경영학과, 석사 장교 대신 카투사에 자원입대한 이유

    대학에 입학한 1980년은 대한민국의 역사에서 또 하나의 비극적 사건이 발생한 해이다. 나의 대학 생활은 문화적 충격으로 시작되었다. 1980년의 봄은 이전에 알지 못했던 세상이 있었다는 것을 깨닫는 시기였다. 나의 초중고 시절 수많은 사람들이 민주화 운동으로 젊은 시절을 보내고 있었다. 20여 년 만에 다시 무력으로 권력이 탈취되는 과정에서, 많은 사람들이 정신적으로 그리고 육체적으로 고통을 겪었다.

    함께 입학한 동기들은 100명이었는데, 현실에 대한 태도라는 기준에서 세 가지로 나뉘어졌다. 현실에 대하여 비판적인 시각으로 민주화에 참여하는 운동권, 이와 대조적으로 개인적 목표를 위하여 고시를 준비하는 학구파, 그리고 두 부류들 사이에서 다양한 성향을 보이는 평범한 대학생 등이었다.

나는 운동권 학생들이 가입하는 이념 서클과 거리를 두는 대신 경영대 태권도부 '商松會'에 가입하였다. 과거 서울상대 캠퍼스의 소나무 아래에서 도복을 입고 태권도를 연마하였던 데에서 유래하였다고 한다. 서울대가 관악 캠퍼스로 이전하면서 상대가 경영대와 사회대로 분리되었고, 상송회는 경영대가 주축이 되어 전통을 이어갔다. 경영학과뿐만 아니라 사회대에 속한 경제학과와 국제경제학과 학생들에게도 개방되어 있었다. 졸업한 선배들이 같은 학과의 후배들이 계속 활동하길 원하였기 때문이다.

나는 동기들이 대부분 진학하는 대학원을 선택하지 않았다. 그때 6개월 석사 장교 제도가 시행되고 있었으며 그것이 상식이었다. 그런 분위기에 3학년을 마치고 군에 자원입대한 이유는 무엇이었을까?

카투사(KATUSA)에 지원하였다. 한국군 소속으로 미군 부대에 파견되어 미군들과 함께 복무하면서 병역의무와 함께 영어를 배울 수 있다는 장점이 계기였다.

나에게 KATUSA 생활은 **국제화의 첫 과정**이라고 할 수 있다. 논산의 신병 훈련 6주일, 미군 부대 적응과 자대 배치를 위한 평택의 4주일을 보내고 배치된 곳은 서울의 용산 기지 내 121 후송 병원이었다. 보직 중에서 꽃 중의 꽃이 병원이던 시절, 미군 사령부가 주둔하는 서울의 한복판 미군 병원의 운전병이 되었다.

자대에 배치되던 날 동서양의 문화가 충돌하는 경험을 하게 되었다. 숙소가 남영동에 위치한 막사의 2층이었는데, 방을 들어서는 순간 코를 찌르는 향수 내음을 맡게 되었다. 함께 방을 쓰는 미군 동료가 뿌린 향수가 나에게는 세상에 처음 맡는 악취로 느껴졌다. 그 동료는 깡마른 체구에 프린스의 퍼플레인을 즐겨 듣는 흑인 병사였다. 시치라는 이름의 동료와 나는 서로의 고유한 체취에 적응하느라 인내해야만 했다. 시치는 마늘 냄새를 특히 견디기 힘들어했다. 한국에 파견되어 혼자 방을 쓰다가 한국인을 룸메이트로 맞아 미처 경험하지 못했던 한국 고유의 냄새에 적응하느라 힘들어했다.

나의 주특기는 운전병이었다. 경기 강원 지역에 흩어져 있는 야전병원 또는 진료실의 본부인 Department of Clinics 소속으로, 군의관인 대령의 정기 시찰을 수행하는 임무였다. 한 달에 한 번 의정부, 춘천, 판문점 등 장거리 운전이었다. 특히, 영화의 무대가 되었던 공동경비구역(JSA)은 제한된 사람들에게 방문이 허용되었는데, 업무 특성상 자주 드나들 수 있었으며, 분단의 현실을 실감 나게 체험하는 시간이었다.

용산 카투사로서 복무 기간은 나에게 중요한 의미를 안겨주었다. 한국에 대한 미국 병사들의 근거 없는 우월감을 체험하고, 한국의 안보를 우선적으로 담보하는 것이 미군의 주둔이라는 그들의 확신을 확인하는 시간이었다.

힘들었던 것은 오히려 선배 카투사들이었다. 2명의 동기들과 부대에 배치되었는데, 서로 뚜렷한 개성의 차이에도 짧은 시간에 기꺼워질 수 있었던 것은 선배들의 지원 아닌 지원 덕분이었다. 카투사의 느슨한 분위기에 병원의 각각의 보직을 수행하면서 선배들의 눈 밖에 난 행동으로 밤마다 고참들의 호출을 받았다. 한국군처럼 드러내놓고 구타를 하지 않았지만, 각종 얼차려를 겪으며 세 사람은 빠르게 친해졌다. 주말 휴가는 일주일간의 스트레스를 해소하는 귀중한 시간이었다.

　카투사 생활이 남긴 또 다른 의미는 나의 국가에 대한 인식이다. 미군들과 생활하는 동안 국가의 개인에 대한 영향에 관한 생각이 많았다.

3
졸업 논문, 증권시장의 효율성

 군 복무를 마치고 1985년 가을 학기에 복학하였다. 같이 입학했던 대학 동기들은 학부를 졸업하고 대학원을 다니고 있었다. 군에 가기 전 함께 등산을 다니고 어울렸던 친구의 대학원 졸업 논문을 도와주면서 두세 살 어린 후배들과 함께 수업을 들었다. 복학 후 성적은 뚜렷하게 향상되었다. 대부분 동기들이 대학원에 진학하여 장교로 6개월 근무하는 것으로 병역의무를 다하던 시절, 자원입대라는 선택을 하였던 의미를 찾은 시기였다.
 복학 이듬해 1986년 학부 졸업 논문의 주제를 찾던 끝에 자본시장의 효율성에 주목하였다. 증권시장의 효율성에 대한 실증적 분석을 주제로 학교 도서관, 증권업협회, 그리고 증권거래소 등의 자료실에서 기초자료들을 수집하여 분석하였다. 당시 우리나라 증권시장은 준-효율적 시장이라는 결론이었으며, 정보가 증권의 가격에 반영되

는 정도가 선진 시장에 비하여 비효율적이었다. 이에 더하여 정보의 비대칭이 존재하여 불공정 거래가 많았다. 그리고 정보에 대한 접근성의 차이는 투자자 사이에 수익률의 큰 차이를 보여주고 있었다.

4
자본시장 국제화를 선도하는 대우증권 국제본부

졸업 논문을 마무리하던 1986년 여름, 대학 선배로부터 한 통의 전화를 받았다. 코스모스 졸업생들을 대상으로 신입사원을 모집하는 대기업들 중 대우그룹으로 오지 않겠냐는 제의였다. 평소 존경하던 김우중 회장의 경영이념, 창조, 도전, 희생에서 연상되는 그룹 이미지에 호감을 갖고 있던 나는 증권업계 최고의 대우증권에 입사하였다.

부천의 옛 가발 공장 부지에 있던 그룹연수원에서 120명의 그룹 동기들과 함께 대우인이 되기 위한 기초소양 교육을 받았다. 각 그룹사들에 대한 소개와 함께 방문한 현장들 중 옥포의 대우조선소는 감동적이었다. 거대한 선박 부품들을 장난감 다루듯 조립하는 현장은 무역 전장의 최전선에 와 있다는 감동을 주었다. 당시 기술적으로 일본, 원가에서 중국에 밀리는 호두까기 상황에 대한 위기감이 팽배하던 시기였다.

 1986년 여름 을지로 입구에서 입사 동기들과 헤어져 을지로 3가로 향했다. 약 2주일의 본사 신입사원 교육을 마치고 부임지인 을지로 3가 지점을 찾아가는 길이었다. 지점은 수표동의 청소년회관 건물의 1층에 위치하고 있었는데, 지점을 들어서는 순간 오른쪽 칠판에 적힌 많은 숫자들, 객장을 메운 사람들, 직원들 모습만 보일 뿐 신입사원을 기다리는 기색은 없었다. 그리고, 거기에서 운명적인 만남을 가졌다. 객장의 투자자들에 묻히다시피 단말기 앞에 계신 지점장이었다.

 지금은 증권사 객장에서 사라진 모습으로 칠판을 연결하여 만든 시세판에 거래소에서 중계되는 주가들이 빼곡하게 적혀 있었다. 고등학생으로 보이는 청년의 오른손에는 흰색과 붉은색의 분필이 맞붙여진 채, 그리고 왼손에는 노란색의 분필이 들려 있었다. 쉴 새 없이 들려오는 주가들을 용케도 칠판에 옮겨 적고 있었다. 그냥 적는 것이 아니었다. 직전 대비 오른 가격은 붉은색으로, 낮은 가격은 하얀색, 그리고 같은 가격은 노란색으로 적어 나가고 있었다. 기억력과 함께 빠른 두뇌 회전 덕분에 시세의 흐름이 그려지고 있었다. 시세를 볼 수 있는 단말기가 지점당 한두 대 밖에 설치되어 있지 않아, 객장의 투자자들은 시세판에 쓰인 숫자들의 색깔로 시황을 직관적으로 알 수 있었다. 그만큼 시세판 학생의 능력이 돋보였고 깊은 인상을 받았다.

 지점에 부임한 날은 종합주가지수가 연초 이후 상승세의 정점을 기록하는 날이었다. 객장은 수개월간 지속된 상승 열기로 가득 차 있었고, 비로소 그룹연수원에서 동기들이 왜 증권 계열사에 경쟁적으로 지원하였는가를 깨닫는 순간이었다.

객장의 열기와 함께 그해 여름을 뜨겁게 달구었던 것은 국민들의 민주화에 대한 열망이었다. 1980년 민주화의 봄을 얼어붙게 만든 군부 정권이 임기를 1년 정도 남긴 시기, 대통령 직선제를 관철하기 위한 민주화 운동의 열기가 전국을 달아오르게 만들고 있었다. 아시안 게임에 이어 88올림픽을 앞두고 전국적으로 건설 프로젝트들이 경기 확장을 가져오는 가운데, 한국은 역동적인 모습을 이어가고 있었다.

사회적 갈등과 대립 가운데 증권시장은 전례 없는 강세장을 보여 주었다. 입사하던 1986년 7월 중순 종합주가지수는 260에서 1989년 4월 1,000을 돌파하는 놀라운 상승세를 시현하였다. 아시안 게임과 올림픽 게임으로 한국의 대외위상이 높아지고, 각종 내수 진작책에 따른 기업들의 실적 개선, 대외무역수지의 흑자 행진 등이 증권투자의 대중화를 실현하고 있었다.

이러한 증권시장의 활황은 증권회사 직원들에게 연 1,200%라는 경이적인 보너스 지급으로 이어졌으며, 혼기를 맞은 남녀 직원들은 일등 신랑, 신붓감으로 떠올랐다. 그 이면에는 우리사주제도가 자리하고 있었는데, 보너스 이상이 목돈을 만질 수 있는 기회였다. 지속적인 사세 확장을 위하여 증권사마다 유상증자를 실시하였는데, 신주의 20%를 직원들에게 배정하게 만든 제도였다. 회사는 직원들에게 무이자로 자금을 대출해 주었으며, 일정 기간에 걸쳐 원리금을 상환하게 하였다. 우리사주가 목돈 마련의 기회가 될 수 있었던 것은 신주 발행가격이 시가와 관계없이 액면가로 발행되었기 때문이다. 물론, 일반인에게도 액면가로 제공되었으므로 특혜가 아니었으며, 유상신주를 받을 수 있는 권리부 다음날 권리락으로 신주 인수에 따른 경제적 효과를 상쇄하였다.

이론적으로 호재도 악재도 아닌 유상증자가 시장에서 주가 상승 재료로 해석되는 가운데, 회사의 유보금을 자본금으로 전환시키는 무상증자는 강한 호재였다. 추가 자금의 투입 없이 회사의 자금으로 신주를 발행하여 구주의 일정 비율로 배분해 주는 것이었다.

주식시장의 상승세와 달리 주택시장은 부진을 면치 못하고 있었다. 일부 직원들은 그러한 상황을 이용하여 우리 사주를 인출하여 매각한 대금으로 회사 대출금을 상환하고 주택을 구입하기도 하였다. 당시 목동 아파트의 시세는 1평당 100만 원 수준이었으며, 증권사 직원이 입사 2년 후 1988년에 남길 수 있는 차익 규모가 약 3,000~4,000만 원대였다. 입사 2년에 아파트 30~40평을 마련할 수 있는 기회가 주어졌던 것이다.

5
코리아펀드 출범

1988년 3월, 나는 본사로 발령받았다. 카투사의 근무 경력이 국제영업 부문에서 일하는 계기가 되었다. 지점장은 본사의 차출 요청을 한두 번 거절하였다는 사실과 함께, 지점에서 기본적인 주식 중개업무에 대하여 체득하는 것이 훗날 경영자로서 성공적인 업무 수행에 도움이 될 것이라 격려하였다.

국제부에서 맡은 첫 업무는 국내 시장 동향을 블룸버그에 입력하는 일이었다. 한국 증권시장이 외국 투자자들에게 개방되어 있지 않기 때문에 국내 시장에 투자하려면 한국 전용 펀드를 이용해야 했다. 특히, 1984년 대우증권과 CS First Boston이 공동 주간사로 설립한 코리아펀드(Korea Fund)는 외국인에게 한국 주식에 대한 간접 투자를 허용하기 위해 설정되었으며, 국내 투신회사가 운용하는 외국인 전용 수익증권(Open-end)과 달리, 미국의 Scudder,

Stevens&Clark(SS&C)가 운용을 맡고 대우경제연구소가 자문을 담당했다. 코리아펀드는 1984년 6,000만 달러로 출범한 후 1986년 4,000만 달러의 증자를 거쳐 1억 달러의 자본금이 되었으며, 펀드의 주식은 뉴욕증권거래소에 상장되어 거래되는 폐쇄형 투자회사(Closed-end Investment Company)였다.

외국인 전용 수익증권은 환매를 통하여 현금화할 수 있었던 것에 비하여 코리아펀드는 뉴욕증권거래소에서 매도하여 현금화할 수 있었기에, 한국 주식시장에 간접 투자하는데 편리한 상품으로 높은 인기를 얻고 있었다. 이는 일본의 주식시장이 국제화되는 과정을 벤치마킹한 것으로, SS&C가 일본 펀드의 설립에 참여하고 운용을 맡았던 것이 코리아펀드의 운용으로 이어진 것이었다.

그 당시에는 한국 기업들이 해외에서 증권을 발행해 자본을 조달하는 사례가 드물었다. 일부 대기업들이 해외 전환사채 또는 신주인수권부사채 등을 발행하여 자본을 조달하고 있었다. 삼성, 유공(현 SK이노베이션), 대우중공업(현, 한화오션) 등이 대표적 기업들이었다.

코리아펀드는 NYSE에 상장되어 있으며, 명성 있는 운용회사가 선진 투자 기법으로 국내 주식들을 선정하여 장기 보유하는 안정적 운용으로 국내 시장에서도 높은 인지도가 있었다. 특히, 국내 기관투자가들이 코리아펀드가 매수하는 종목들에 관심이 많았다. 자연스럽게 간밤에 뉴욕에서 국제영업본부에 전달되는 주문지의 매수 종목들이 관심의 대상이 되었다.

미국의 코리아펀드에 이어 1987년 유럽 투자자들의 한국투자를 위한 코리아 유럽펀드(Korea Europe Fund)가 설정되었으며, 운용회사는 슈로더자산운용(Schroders Investment Management)이었다. 코리아펀드와 함께 대표적인 한국 투자전용펀드로서 해외에서 한국 기업들에 간접 투자하는 수단으로 인기가 높았다. 내가 맡은 업무는 코리아펀드와 유럽펀드를 운용하는 매니저들의 기업탐방을 주선하고 수행하는 것이었다. 투자하기 전 회사를 직접 방문하여 최고경영자를 비롯한 주요 임원들과 면담하고, 다양한 기업 정보를 수집한 후 분석보고서를 작성하는 과정을 지원하였다.

코리아펀드 또는 코리아 유럽펀드의 매니저가 방문하는 기업들이 국내 투자가들에게 관심의 대상이었다. 해외 거점에서 펀드매니저들을 직접 상대하는 직원들은 이 점에 주목하였다. 고객이 탐방하고 분석하는 동안 주가가 상승하면 투자 매력도가 떨어져 매수로 이어지지 않을 수 있었다. 따라서, 기업탐방 주선 단계에서부터 대외 정보 유출에 각별히 유의해 줄 것을 당부하였다.

두 펀드의 매니저들 중 기업탐방 직후 주문을 내는 경우도 있었다. 탐방 전의 기본적 분석 결과가 현장실사로 확인되는 경우였는데, 국제부 직원들에겐 신나는 일 중의 하나였다. 여의도에 소재한 건설회사를 방문한 직후 받은 상당 규모의 매수 주문은 보람이었다.

국내 주식시장이 해외투자자들에게 개방하기로 한 1992년을 1년 여 앞둔 시점에 나는 증권감독원의 테스크포스팀에 참가하였다. 시장 개방을 천명한 이래 진행해 온 실무 작업의 막바지를 담당하는 팀이었다. 국내 시장에 외국 투자자들의 직접 참여를 허용한다는 것은 해외 자본의 유입이 국내 외환시장에서 원화 가치의 상승을 가져와 국내 기업들의 해외 수출 경쟁력을 약화시키는 요인으로 작용하게 된다. 그래서 해외투자 자금의 유입 규모를 일정 수준으로 관리할 제도적 장치가 필요하다고 간주되던 시기였다.

다른 나라 자본시장의 개방 사례를 참고한 후 외국인들이 투자할 수 있는 지분의 규모를 제한하는 방안을 추진하였으며, 이를 위하여 외국인들의 지분율을 모니터링하는 제도적 장치가 필요하였다. 모든 외국인 투자자들이 국내 주식에 투자하기 위해 관계 당국에 필요한 절차를 밟아 외국인 투자자로 등록하도록 하였다. 테스크포스팀은 어떤 투자자들을 등록시킬 것인가를 협의하여 법인들에게 우선적으로 외국투자자 ID(Identification)를 발급하도록 하였다. 기관투자가 범주에 포함되는가 여부와 관련하여 'Partners'가 이슈였다. 주식회사가 아니라는 점에서 기관투자가로 분류해서 안 된다는 의견과 그러면 골드만삭스도 제외하느냐는 의견이 맞부딪쳤다. 시장 개방 초기에 국내에 투자할 수 있는 해외투자가를 무척 엄격하게 관리하려던 의지가 엿보이는 해프닝이었다.

그리고, 나는 회사에서 외국인의 주문을 처리하는 업무 매뉴얼을 작성하는 프로젝트에 참여하였다. 외국 투자자가 관계 당국에 적격 투자자로 등록하는 것을 지원하는 작업부터 주문 접수, 그리고 결과 보고 및 결제 은행에 통보하는 전 과정을 전산으로 처리하는 일이었다.

1992년 시장 개방을 앞두고 금융당국은 기존의 해외 CB 또는 BW에 투자하고 있던 해외투자자들에게 일종의 혜택을 주고자 하였다.

CB와 BW에 주어진 전환권을 행사하여 취득한 주식을 매도한 대금으로 다른 국내 주식들에 투자할 수 있게 허용하는 것이었다. 예를 들어, 전환가격이 시가보다 높은 대우중공업 CB 보유자의 경우, 전환하는 즉시 손실이 발생하지만, 시장 개방 후 외국인 투자 한도가 채워질 가능성이 높은 종목들에 투자를 허용하여 '선제적 투자'의 기회를 주고자 한 것이었다.

나는 이점에 착안하여 해외 CB 또는 BW 보유자들을 대상으로 마케팅을 위한 출장을 떠났다. 주식 관련 사채들을 보유하고 있는 유럽의 투자자들을 방문하여 1992년 초부터 개방되는 대한민국의 주식시장에 선제적으로 참여하여 높은 이익을 향유할 수 있는 기회를 소개하였으며, 훗날 그 매매 전략은 매우 높은 투자수익의 기회였던 것으로 드러났다.

6
외국인 주식 투자 한도가 만든 2개의 주식시장, 내국인과 외국인

　드디어 대한민국의 주식시장이 외국 투자자들에게 개방되는 1992년 1월 2일 개장일이 되었다. 국제영업부 직원들은 설렘과 두려움으로 해외에서 들어올 매수 주문을 기다리고 있었다. 계좌를 개설하는 단계에서 어떤 해외투자자들이 국내 주식시장에 들어올 것인가 알고 있었지만, 어느 종목들에 얼마의 매수 주문이 들어올 것인가는 초미의 관심사였다. 나는 미주지역의 투자자들을 담당하였는데, 전날 밤에 들어온 매수 주문은 예상을 훨씬 뛰어넘었다. 한 기관투자자의 주문은 계좌 수만 15개가 넘었고, 매수 종목들도 20종목을 넘었다. 각 주문마다 작성한 매수 주문지가 300장이 넘었다. 투자 종목들은 예상해 왔던 각 산업별 대표 주자들이었으며, 백미는 한국이동통신(현 SK텔레콤)이었다. 시장을 개방하는 날의 종목별 투자 한도는 발행 주식 수의 10%였다.

시장이 개장되자 주요 종목들의 주가가 급등하기 시작하였다. 높은 가격에 불문하고 외국인들에게 허용된 물량을 확보하기 위한 증권사 국제부들의 노력은 전쟁터를 방불케 하였다. 한국이동통신의 8% 한도는 개장 첫날에 소진되었다. 외국인들은 더 이상 매수 주문을 입력할 수 없었고, 곧바로 외국인들 사이에 프리미엄이 더해져 장외 매매가 이루어지기 시작하였다. 외국인들의 장기 수익 기대감이 국내 투자자들이 매매하는 가격 이상으로 장외가격을 끌어올렸다.

한국이동통신을 비롯한 우량주들에 대한 외국 투자자들의 선호는 국내 주식시장의 상승을 견인하는 기폭제가 되었다. 국제영업부는 비로소 회사의 다른 부서들에 대하여 면목이 서는 것을 느낄 수 있었다. 영업을 통한 경제적 기여가 없는 상황에서 해외 연수를 비롯한 각종 지원을 받는 과정에서 느꼈던 미안함이 기대감으로 바뀌고 있었다.

매매가 이어지면서 외국인들에게 허용된 한도가 소진된 종목의 수도 늘어났다. 이에 따라 이들 종목에 대한 외국인들의 장외 거래 규모가 확대되었다. 시장 개방을 준비해 온 대형 증권사의 국제부 직원들은 손님이 찾는 종목을 매수하기 위하여, 개방 초기에 재빠르게 지분을 확보한 외국 투자자를 찾기에 분주한 시간을 보냈다.

외국인의 투자 한도는 시간이 경과하면서 단계적으로 확대되었다. 개방 초기 10%에서 추가로 확대되었다. 그때마다 추가 지분을 확보하려는 증권사들의 경쟁이 치열하였다. 대우증권은 증권거래소에 도착하는 시간을 단축시키는 전산장비 개발에 남다른 노력을 기울였으며, 그 결과 늘어나는 외국인 투자 한도 물량을 확보할 수 있었다. 동시호가에서 확보한 한도 내 매수 물량을 당일 장중에서 매수할 수 없었던 종목은 다음 날 오전 동시호가에서 다시 지분을 확보해야만 하였다.

외국인 간 거래되는 가격과 국내 시장 가격의 차이는 종목에 따라 시간이 지나면서 다양하게 변하였다. 한국이동통신의 경우, 장기 성장성에 대한 해외투자자들의 선호가 가장 뚜렷하여 외국인 한도가 확대될 때마다 증권사들의 물량 확보 경쟁이 치열하였다.

나는 국내 시장이 외국 투자자들에게 개방되던 1992년 가을에 결혼하였다. 개방 첫해 국제본부는 밀려오는 기업 방문 요청으로 매일 야근하느라 청첩장만 보내고 통화로 결혼 사실을 알릴 수 없었다. 워싱턴DC의 Arlington에 있던 EMIC(Emerging Markets Investment Corporation)라는 투자자는 미국과 유럽의 연기금 고객들을 한국에 초청하여 보유 회사와 투자 대상 기업들을 방문하는 일정을 추진하고 있었다. 방문단 규모가 40명이 넘고 연초 이후 큰 거래 실적을 보여 준 고객이 추진하는 프로젝트였다. 담당 펀드매니저는 한국에서 태어나 어린 시절 미국으로 건너가 예일대를 졸업한 재원이었다. 한국어와 영어를 자유자재로 구사할 뿐 아니라, 경제 상황과 기업의 영업 및 재무 동향과 전망에 대한 깊이 있는 분석, 논리 정연한 요약 능력이 뛰어났다.

나는 그로부터 매우 특별한 요청을 받았다. 대규모 방문을 앞두고 사전답사를 함께 가자는 부탁이었다. 거래 규모를 고려할 때 거절할 수 없는 요청이었다. 포항제철을 방문하여 회사 소개 내용을 점검하고, 제철 과정을 견학할 수 있도록 회사 관계자의 협조를 구하였다.

포항 일정을 마치고 경주에 가는 차량을 찾는다는 얘기를 들은 택시 기사가 자기 차를 이용하게 해주겠다고 제안하였다. 뜻밖의 제안이자 조건도 유리하였다. 경주로 가는 차 안에서 잠시 국제 업무를 하게 되어 고향을 방문하는 특별한 감회에 젖었다. 그 매니저 또한 경주에 대한 남다른 관심을 갖고 있었다. 어린 시절 어머니로부터 불교문화에 대한 얘기를 많이 들었기에 불국사와 경주 남산 등을 꼭 보고 싶어 했다.

그 회사의 사장은 시장 개방 전부터 우리 기업의 성장 가능성을 높게 평가하여 코리아펀드와 외국인 전용 수익증권을 통하여 한국 주식과 주식 관련 채권(CB/BW) 등에 투자하고 있었다. 그는 투자와 함께 월스트리트에서 이머징 마켓에 대한 정기 강연을 통하여 아시아와 중남미 등 이머징 마켓에 대한 투자의 확산에 크게 기여하고 있었다. 사장은 1981년 World Bank 산하의 IFC(International Finance Corporation)와 Salomon Brothers가 주관한 콘퍼런스에서 업계 최초로 Emerging Markets에 대한 투자를 소개하였으며, 1984년 Emerging Securities Markets이라는 책을 발간하기도 했다.

나의 결혼식은 영등포의 한 예식장에서 치러졌다. 거기에 함께 기업탐방을 준비하였던 매니저와 동료가 참석하여 결혼 준비와 겹쳤던 자신들의 기업탐방을 도와준 데에 깊은 감사의 뜻을 전달하였다.

7
월가 베테랑 헤지펀드에서 배운 종목 선정 기법(PEG)

시장 개방 후 2년 반이 지난 1994년 7월에 뉴욕 현지법인으로 부임하였다. 미국 현지법인으로 발령은 토요일 오후 동대문 평화시장을 아내와 함께 거닐고 있을 때 국제본부장으로부터 전해졌다.

아내는 외국계 은행에서 10년째 근무해 오던 고참이었기에 남편을 따라나선다는 것은 좋은 직장을 그만두는 것 이상의 결심이 필요했다. 외국계 은행 시니어라는 상당한 경력의 단절을 의미하는 것이었다. 그리고 얼마간의 고민을 거쳐 미국 생활에 동의하였다.

나는 가족보다 한 달 먼저 미국 동부로 건너갔다. 처음 정착한 곳은 주재원들이 모여 사는 포트리 옆 동네 팰리세이드에 있는 하숙집이었다. 단기간 체류하는 한국인들을 대상으로 하숙을 하는 집이었는데, 미국 생활에 필요한 기초 상식을 상세하게 안내해 주었다.

미국에 진출한 국내 증권사들은 시장이 개방되고 주가가 상승세를 보이면서 그 수가 급격하게 늘어났다. 무려 20개가 넘는 증권사들이 현지법인, 지점 또는 사무소 형태로 진출해 있었다. 국내에서 선두권을 형성하던 증권사들이 뉴욕에서도 비교 우위를 보였는데, 대우증권과 쌍용증권의 경쟁이 치열했다. 한국계 증권사들은 국내 시장에 상장된 주식의 중개가 수익의 대부분을 차지하였으나, 외국계 증권사에게는 아시아 비즈니스의 일부였다. 외국계 증권사는 국내 기업에 대한 분석보고서를 작성할 때, 국제 시장에서 경쟁하는 다른 나라의 기업과 비교 분석하는 내용을 함께 다루었다. 이러한 조사자료의 경쟁력 차이는 영업력의 차이로 이어졌다.

내가 뉴욕에 배치된 지 불과 4개월 동안 상승한 시장은 정점을 지났는데, 뉴욕 증시는 대조적인 모습을 보였다. 국내의 대표 종목들의 조정 국면에서 내가 선택한 것은 가치주를 개발하여 추천하는 것이었다. 업종 대표들에 대한 조사와 정보 제공에서 외국계 증권사들에 밀릴 수밖에 없는 현실에 대응하는 영업이었다.

대우증권의 장점을 점검하여 외국계 증권사들과 비교 우위에 있는 요소들이 무엇인가에 주목하였다. 그 결과, 글로벌 경쟁력을 갖춘 업종 대표주들을 제외한 강소 기업들에 대한 정보 제공이 경쟁력이 될 수 있다고 생각하였다. 대우증권은 국내 250여 기업들을 대상으로 매월 향후 3년간 실적에 대한 추정 작업을 지속해 오고 있었다.

이와 아울러, 국내 증권사들은 국내 기업들과 다양한 접촉 관계(Contact Points)를 가지고 있었다. 그들은 국내에서 주식 또는 채권의 발행을 위하여 기업들과 긴밀한 협력 관계를 유지하여 깊이 있는 정보들을 얻을 수 있었다.

한편, 성장주들이 주도해 온 국내 증시가 하락 추세로 접어든 이후, 나는 가치주들을 평가하는 방법으로 성장 대비 주가수익비율 (PER-to-Earnings Growth, PEG)을 활용하였다. 미국으로 배치되기 전 서울에서 금융업종을 담당하는 애널리스트로 일하고 있을 때 고객으로부터 소개받은 기법이었다. 한국 시장에 대규모 자금을 투자하고 있던 헤지펀드 매니저를 방문하였을 때의 일이었다. 키가 2미터가 넘는 매니저는 헤지펀드로 명성이 높은 회사에서 아시아 시장을 담당하였는데, 국내 은행업종의 투자 추천을 위해 방문하였을 때 종목의 가치 평가 기준을 소개해 주었다.

매니저가 소개한 종목 선정 기준은 아래와 같이 요약할 수 있다.

PEG ratio = PER/EPS Growth,
A종목 PER = 15x, EPS Growth = 30%, PEG = 0.5
B종목 PER = 10x, EPS Growth = 5%, PEG = 2.0

PER만 보면 B가 저평가로 보이지만,
PEG 기준으로는 A가 B보다 매력적이다.

매월 본사 리서치 센터에서 조사대상 기업들의 수익추정치가 업데이트될 때마다 나는 PEG 비율을 산정하여 고객들에게 송부하였다. 고객별로 보유 종목 리스트를 확인하여 수익추정치와 함께 동 비율을 산출하여 전송하였다. 고객들은 보유 종목들의 수익추정치의 변화와 PEG의 변화에 주목하면서 나의 월례작업에 높은 관심을 보였다.

1990년대 후반 월가는 이머징 마켓에 대한 투자 비중이 미미한 수준이었다. 투자 정보의 투명성이 높은 뉴욕증권거래소와 달리 정보의 신뢰성이 낮은 이머징 마켓에 대한 투자는 낮은 수준에 머물렀다. 특히, 1990년대 중반 이후 미국 시장은 활황세를 유지하는 데 비하여 아시아 시장은 높은 변동성으로 자산배분에서 비중이 낮았다.

미국의 해외투자는 유럽, 호주, 그리고 일본 등을 포함하는 EAFE(Europe, Australia, Far East) 지역을 중심으로 이루어졌다. 이들 시장의 정보 공개 수준은 미국 시장에 못지않게 발달되어 있었기에 자산배분에서 비중이 높았다.

증권시장의 발전 정도를 가늠하는 기준의 하나로, 투자자들에게 제공되는 정보의 양적, 질적 수준을 들 수 있다. 이러한 관점에서, 월가는 세계 자본시장을 이끌어 가는 선진 시장의 모습을 보여주었다. 주요 기관들의 보유 종목들에 대한 정보는 물론, 투자자들의 성향 및 전략 등에 관한 상세한 정보들이 제공되었다. 그중 하나가 신규 고객 개발에 성경과 같은 넬슨 디렉터리(Nelson Directory)가 있었다. 고객들의 투자 지역, 지역별 보유 종목, 펀드매니저 약력, 운용전략 등에 관하여 상세하게 보여주었다. 나는 한국에 투자하고 있거나 가능성이 높은 기관들의 리스트를 만들고, 매일 20여 개씩 전화상으로 메시지를 남기기 시작하였다. 대부분의 Cold Call에 대한 응답은 보이스 메일에 녹음된 매니저의 목소리였다.

8
한국의 IMF와 월스트리트, 대량 주문과 "IMF는 신의 축복"

 1990년 중반까지 국내 금융사들은 시장 개방과 더불어 해외투자를 활발하게 전개하였다. 민간의 자율성을 확대하고 경제의 글로벌화가 강조되었다. 국내 금융기관들의 해외 진출이 더욱 확대되는 가운데 단기자금을 조달하여 장기 자산들에 투자하는 미스매치가 일어났다. 이러한 현상은 태국을 비롯한 동남아시아도 예외가 아니었다. 그러다가 한국의 IMF 구제금융 신청이라는 한파가 불어닥쳤다. 1996년 초부터 한국 기업들의 부도가 이어지기 시작하였다. 삼미특수강, 한보철강, 기아차 등이 무너졌다. 동시에 아시아 각국의 통화들이 하락세로 접어들었다.
 세계은행(World Bank) 산하의 국제통화기금(IMF)는 대한민국이 구제금융을 받는 조건으로 금융시장의 선진화를 위한 개혁안들을 제시하였다. 외화 부채의 상환 불능, 기업의 부도와 같은 전례 없는 상황

을 맞아 국내 증시는 패닉에 빠졌다.

1997년 12월 3일 IMF의 캉드쉬 총재가 지켜보는 가운데 구제금융양해각서에 서명하는 임창열 장관의 모습을 TV로 지켜보았다. 국가 부도 위기라는 사상 초유의 상황을 맞아 향후 증시의 방향을 전망하는 것이 무의미하게 느껴졌다. 시장은 업종과 종목의 구분 없이 폭락하였다.

그로부터 며칠 후 퇴근을 앞두고 혹시 있을지 모르는 고객의 주문을 기다리며 시계를 쳐다보고 있었다. 팩스가 도착하는 소리와 함께 전화가 울렸다. 귀에 익은 워싱턴DC에 있는 고객의 목소리였다. 방금 주문지를 FAX로 보냈으니 수신을 확인해달라는 것이었다. 동료가 가져온 주문지에는 삼성전자 25만 주 매수가 적혀 있었다. 영문을 알 수 없는 뜻밖의 대형 주문과 함께 수화기에서 천사의 메시지가 들려왔다. "IMF is gonna be God's blessing on Korea in the Future".

국가 부도에 대한 위로의 말뿐이었다면 잊혀졌을지도 모른다. 그러나, 폭락하는 시장에서 대규모 매수 주문과 함께 전해진 메시지였다.

원화 가치는 달러당 900원대에서 2,000원을 찍고 1,400원 수준에서 1997년을 마감하였다. 1996년 800원대에 머물던 원화 가치가 하루아침에 1,400원대가 되었다는 것은 해외에 파견된 주재원들에게 엄청난 경제적 파장을 가져왔다. 1998년 초에는 달러 기준으로 지급되던 월급이 원화 기준으로 큰 폭의 보너스를 받는 기분이었다. 그러자, 주재원들의 달러화 급여가 부담스러워진 본사에 비상이 걸렸다. 유례없는 원화 가치의 폭락에 대응하여 달러화 지급 규모를 축소하였다. 해외 주재원들의 급여 및 수당이 대폭적으로 조정되어, 달러 급여가 25% 감축되었다.

그 무렵 뉴욕 법인에 함께 있던 선배의 갑작스러운 이직 소식을 들었다. 소문이 현실화되는 순간이었다. 선배는 대형 헤지펀드 Appalusa[*]로 스카우트 되었다.

Appalusa는 대규모 자금을 한국의 소수 종목들에 집중 투자하였다는 정보가 있었으며, 담당 매니저로 선배가 발탁되었던 것이다. **파국을 맞아 비정상적으로 하락한 자산에 투자하는 전략으로 유명한 헤지펀드로, 태국을 비롯한 아시아 외환위기 상황에서 폭락한 주식들에 투자하고 있었다. 방문한 선배 회사의 사무실 벽에는 대형 태극기가 걸려 있었다.**

그들은 종목당 10억 달러씩 5개 기업에 총 50억 달러를 투자하였다. 환율이 크게 상승하고 시장 가격이 폭락한 상태에서 투자하였으니 큰 폭으로 할인된 가격에 매수한 것이 분명해 보였다. 선배는 한국 종목 관리와 함께 일본 시장에 대한 투자운용을 겸하고 있었다. 증권회사에서 헤지펀드의 운용역으로 변신한 경우가 예전에도 있었다.

한국이 IMF의 구조금융을 받은 직후인 1998년, 고객과 함께 한국

---

* 1993년 데이비드 테퍼(David Tepper)와 잭 월턴(Jack Walton)이 설립한 미국 헤지펀드로 부실채권을 전문으로 합니다. [4] Appaloosa Management는 전 세계 공모 주식 및 채권 시장에 투자합니다.

기업을 방문하였다. 투자 대상 기업들을 방문하여 경영 현황을 점검하기 위한 목적이었다. 방문하는 기업이 소재한 빌딩들 사이로 현수막이 눈에 들어왔다. "IMF 점심 특별 할인", 주머니가 얇아진 직장인들의 발길을 끌기 위한 고육지책이었다. 그러는 가운데, 부족한 나라의 외화벌이를 위하여 개인들이 보유한 금을 모으는 행사가 TV에 방송되고 있었다. 금 목걸이와 반지 등을 들고 차례를 기다리는 긴 행렬이 화면을 채우고 있었다. 기업탐방을 다니던 매니저는 몇 개월 전 IMF 구제를 받은 직후 시장이 폭락할 때 삼성전자를 대량 매수하였던 고객이었다. 그는 금 모으기 운동을 방송하는 화면을 무척 관심 있게 지켜보고 있었다.

IMF는 근검절약을 강조하기 위해 정책 금리를 인상할 것을 요구하였다. 곧바로 가계의 부채 상환 부담이 가중되면서 국민들의 삶은 더욱 힘들어지게 되었다. 국가가 외환보유고 관리에 소홀한 결과, 국민들은 난국 타개를 위해 최대한의 자구노력을 보여주었다. 모인 금은 대외 결제용 달러를 확보하는 데에 쓰였으며, 국제 금융사회가 한국 경제의 회생 가능성을 긍정적으로 보게 만들었다.

국민들의 자구 노력과 함께 기업들도 원화 가치 하락으로 강화된 수출 경쟁력을 무기로 세계 시장을 공략하여 대규모 무역 흑자를 기록하였다. 그 후 가장 짧은 기간에 IMF 구제금융을 상환하게 되었으며, 코스피는 1998년 8월 300선 아래로 바닥을 친 후 1999년 12월 말 1,000을 돌파하는 폭등세를 시현하였으며, 닷컴 열풍으로 코스닥 또한 새로운 지평을 열었다.

선배를 스카우트한 Appalusa가 투자한 기업들의 주가 또한 큰 폭으로 상승하였고, 원화 표시 투자 자금의 가치는 국제 금융시장의 신뢰 회복에 힘입어 급속하게 회복하였다. 그 결과, Appalusa는 놀라운 수익을 거두었다. 불과 1년 만에 보유 주식들의 가격과 원화 가치가 크게 상승한 덕분이었다.

내가 경험한 외환위기의 최대 수혜자는 IMF 직후 삼성전자를 대량 매수하였던 EMIC였다. 1998년 8월 3만 원이 붕괴되었던 주가는 시장의 폭등세를 주도하면서 입이 다물어지지 않는 수익률을 시현하였다. 내가 주재원 생활을 마무리하고 귀국을 준비하던 1999년 여름, 후임자를 데리고 EMIC를 방문하였을 때의 일이다. 지난 6년 동안 가장 큰 고객이 되어 주었던 데에 대한 감사의 뜻을 전하고 후임자를 인사시키는 방문이었다.

"IMF가 한국에 신의 축복이 될 것이다"라고 격려해 주었던 대표이사는 역사적인 이벤트를 함께 한 나에게 감사의 인사를 했다. 그리고, 후임자와 함께 보스턴을 방문한 그날 저녁, 여의도 본사로부터 반가운 전화를 받았다. 낮에 방문하였던 EMIC로부터 삼성전자 매도 주문을 받았다는 내용이었다. 약 100억 원에 상당하는 대형 주문이었다. 직감적으로 대표이사가 나에게 주는 송별 선물이라는 생각이 들었다. 무려 4천만 원이 넘는 선물.

뉴욕 주재원 6년은 국내 주식시장의 국제화가 본격적으로 전개되는 과정을 현장에서 체험하는 기간이었다. 해외투자자들의 국내 기업 주식 투자는 국가와 기업을 다른 차원에서 평가하는 계기가 되었다. 글로벌 투자의 경우, 국가별 자산배분과 별도로 기업들을 국적과 관계없이 비교 분석하는 소위 '바텀-업 방식(Bottom-up Approach)'으로 발굴하는 것이 보편적이었다.

각국의 경제가 국제화되면서 개별 기업의 매출이 전 세계를 대상으로 확대되었고, 내수뿐만 아니라 해외 시장의 매출이 중요한 비중을 차지하게 되었다. 그런 점에 주목한 외국인들의 투자는 국내 투자자에게 기업들의 글로벌 경쟁력 분석의 중요성을 부각시켰다.

특정 기업에 대한 글로벌 투자자들의 적대적 인수 합병의 위험도 확대되었지만, 경영권 방어를 위하여 국내 기업들이 대응 체제를 구축하게 만드는 순기능도 있었다. 해외투자자의 지분 취득으로 주주총회에 외국 운용사의 매니저가 참여하는 모습을 보게 되었다. 내가 뉴욕에서 근무하는 동안 고객이 보유 중인 회사의 주총에 참석하기를 희망하였다. 고객이 주총에 참석한 목적은 신주의 제3자 배정에 반대하는 것이었다. 회사가 제3자 배정을 통한 증자를 공시하였을 때, 기존 주주들은 지분가치의 희석을 보전할 수 있는 장치가 필요했다. 즉, 구주 대상 유상증자는 자금 사용처에 대한 합의 여부에 따라 증자에 참여 여부를 결정할 수 있으나, 제3자 배정은 구주주의 의사와 관계없이 이사회가 결정하였다. 그래서, 그 고객은 주주총회에 참여하여 반대 의사를 표시하였다.

그때까지 외국인 투자자가 주주총회에 참석한 전례가 없었기 때문에 국내에서 관심의 대상이 되었다. 마침내 그 매니저는 S사의 주주총회에 참석하여 제3자 배정 방식의 유상증자를 정관에 신설하는 안에 반대 의사를 표시하였다. 외국인 투자자의 적극적인 권리 행사는 국내 기업들로 하여금 주요 의사결정에 대한 외국 주주들의 영향력에 대한 인식을 갖게 하는 계기가 되었다.

9
대우증권에서
한빛투신운용

    1999년 5월, 본사로부터 신상 변동에 관한 질문을 받았다. 뉴욕 현지법인으로 오기 전에 근무하였던 국제조사팀이 부활될 예정인데, 연말 정기인사 시즌은 조사팀의 인적 구성이 마무리된 이후이므로 귀국 시기를 앞당기는 것이 어떻겠냐는 질문이었다. 대개의 경우 해외 파견 근무가 3년이었기에 다가오는 연말에는 본사 발령이 날 것으로 예상되었다.

    아내는 반대 입장이었다. 2세 교육 때문이었다. 미국으로 갈 때 갓 돌을 넘긴 아들은 어느덧 7살로 유치원에 다니고 있었고, 뉴저지에서 태어난 딸의 교육을 염두에 둔 반응이었다.

    아내의 반대를 찬성으로 돌리는 데 한 달가량 걸렸다. 그러던 중 본사의 달라진 계획이 전해졌다. 약 6년 동안 해외에서 영업한 내가 조사역으로 복귀하여 제대로 업무를 수행할 수 있을까라는 우려였다. 그보다 본사 영업부에서 아시아 고객들을 대상으로 영업을 하라는 지시였다. 조사역을 원하여 연말 이전에 돌아가기로 마음먹었던 것인데…. 나는 불만이 있었으나 받아들이기로 하였다.

그런데, 다시 반전이 일어났다. 미국에서 한국에 투자하는 주요 기관투자가들을 잘 알고 있으니 그들이 운용하는 펀드를 국내 투자자들에게 판매하는 업무를 제안하였다.

연이은 보직 변경 요청은 나로 하여금 회사 근무에 의문을 갖게 만들었다. 이대로 돌아가 회사가 요구하는 업무를 맡을 것인가? 고민 끝의 결론은 '아니다'. 대안으로 평소 생각해 오던 생각을 실천하기로 했다.

본사에서 조사역으로 국내 금융회사들에 대한 분석보고서를 작성하여 해외 고객들에게 프레젠테이션한 경험, 그리고 뉴욕 현지법인에서 고객들과 한국 기업들을 탐방하면서 기업의 가치를 평가하는 방법을 벤치마킹하던 경험이 펀드매니저에 대한 소망을 갖게 만들었다. 특히, 선배가 헤지펀드에 스카우트 되었던 것이 계기가 되었다.

본사의 귀국 요청과 일련의 반전들이 잠재하던 펀드매니저로 전직을 실행으로 옮기게 만들었다. 한국의 지인들에게 연락하여 운용회사에서 펀드매니저로 일할 수 있는 자리를 알아보기 시작했다.

기다리던 소식이 전해오는 데 오랜 시간이 걸리지 않았다. 대형투신사의 대표이사로 재직 중인 이전의 상사가 은행 계열의 운용회사에 주식매니저로 추천해 주었다. 얼마 후, 그 회사의 운용본부장이 면접을 위하여 뉴욕으로 직접 오겠다는 소식을 들었다.

미국으로 날아온 운용본부장과 인터뷰는 1시간을 넘기지 않았다.

본부장은 빠른 시일에 내가 한국에 가서 사장과 만난 후 최종 결정을 하는 것이 좋겠다고 제안하였다.

  1999년 6월 초, 나는 회사에 개인 휴가를 신청하였다. 뉴욕 법인장은 구체적인 이유를 묻지 않았다. 가족과 함께 여행을 하기 위한 것이라 생각했던 것 같다. 그때 이례적인 생각을 하였다. 다음 달 한국으로 돌아가 본사에 사표를 내면 현지 법인장에게 피해를 끼치게 될 것 같았다. 법인장이 본사로부터 질책을 받을지 모른다는 생각에 사실대로 얘기하였다. 법인장의 반응은 의외로 담담하였다. 현지법인을 떠난다는 점에서 다를 바가 없었으나, 본사에서 두 차례에 걸쳐 보직을 변경한 것 때문에 내가 회사를 떠나는 것이라 짐작할 수 있었기 때문이다. 그리고, 사실을 사전에 얘기해 준 점을 고마워했다. 1999년 7월 나는 가족들과 함께 김포공항에 도착하였다. 돌을 갓 넘기고 미국으로 갔던 첫째는 7살이 되었고, 둘째는 미국에서 태어나 8개월이 된 여름이었다.

10
대우그룹의 해체, 발로 담는 주식

펀드매니저의 첫걸음은 한빛은행의 자회사인 한빛투신운용이었다. 운용 자산의 대부분이 채권이었으며, 주식시장의 확대와 더불어 일반인들의 간접 투자 수요 증가에 대응하여 주식운용 역량을 강화하는 차원에서 인력을 채용하고 있었다.

귀국 후 출근을 기다리던 7월 하순, 경제계에 대형 사건이 발생하였다. 대우그룹이 자동차 전문그룹으로 재탄생한다는 구조조정안을 발표하였다. IMF 이후에도 확대 경영을 지속하면서 누적된 부채로 인하여 계열사들의 매각을 비롯한 워크아웃을 신청하였으며, 대우증권은 산업은행이 인수하게 되었다.

귀국할 때까지 그런 징후를 느끼지 못하였다가 사표를 제출한 지 일주일이 지나지 않은 시점에 대우증권이 다른 회사에 넘어간다는 소식을 듣게 된 것이었다. 훗날 일부 사람들은 내가 그런 상황을 예견하고 운용사로 이직한 것이라 해석하였으나 사실이 아니었다. 우연의 일치일까? 내가 대우증권을 떠나게 된 것은 부서 배치 변경이 계기였다.

대우그룹의 구조조정안 발표와 해체는 나에게 예상 밖의 변화를 가져왔다. 한빛투신운용은 은행의 자회사로 채권 중심의 자산을 운용하고 있었는데, 대우그룹 계열사들이 발행한 채권들이 상당한 규모였다. 부실채권이 손실로 이어져 위탁 자산이 축소되었다.

첫 출근 하던 1999년 8월 2일 나를 스카우트한 사장은 "상황이 많이 바뀌었다네. 앞으로 이 위기를 극복할 수 있는 회생안을 마련해 주게"라고 당부하였다. 이직한 회사의 생존전략을 수립하는 뜻밖의 소명을 부여받은 것이었다. 긴박한 상황에서 나는 일반운용 전문인력이 되기 위한 수업 참석과 시험을 준비하였고, 투신업계에서 실시하는 연수에 참여한 후 시험에 합격하였다.

미국에서는 고객에게 투자를 권유하는 중개업무를 수행하기 위해 전문성을 갖추도록 요구받았다. 투자 이론을 중심으로 광범위한 분야에 대하여 시험에 합격하여야 영업을 할 수 있었다. 나도 뉴욕 현지법인에 부임한 지 2개월 후 Series 7 시험에 합격하였다.

한편, 미국에서는 펀드를 운용하기 위하여 어떠한 자격도 요청받지 않는다. 투자자의 책임하에 투자하므로 규제할 필요가 없다는 논리였다. 이와 달리, 한국은 일반운용 전문인력이라는 자격을 요구하였다. 회계사 또는 변호사처럼 펀드 운용도 일반인의 재산증식을 대행해 주는 전문서비스라는 것이었다.

나는 8명의 직원들과 함께 1999년 12월 운용 전문인력 자격시험을 치르고 자격증을 취득하였다. 그리고, 이듬해부터 펀드매니저로 주식운용업무를 시작하게 되었다.

내가 맡은 첫 펀드는 모회사인 한빛은행이 자회사에게 위탁하는 새로운 펀드로, 당시 붐을 이루던 코스닥 전용 펀드였다. 1997년 말 구제금융 조건으로 IMF가 제시하는 정책을 집행해야 하는 수동적 상황 속에서 1998년 8월 최저 수준까지 하락한 코스피는 1년 4개월 만에 3배 가까운 폭등세를 시현하였으며, 닷컴 기업들이 주도주들이었다.

새로운 성장 모델이라는 제목으로 영업이익은 발생하지 않지만 수익이 급증할 것으로 기대되는 닷컴 기업들에 대한 장밋빛 전망이 시장을 뜨겁게 달구었다. 펀드를 운용하기 시작한 2000년 초 코스피는 1,000, 코스닥지수는 역사적 고점을 각각 기록하고 있었다.

주식운용팀에서 업무를 시작한 지 한 달이 지난 후 뜻밖의 일이 발생하였다. 주식팀장이 다른 운용사로 스카우트 되어 내가 주식팀장을 맡게 되었다. 주식운용팀을 맡은 후 나의 운용방식은 이전과는 달랐다. 그때까지 대부분의 주식매니저들은 개장 중에 증권사와 정보를 주고받으며 매매를 하는 것이 관행이었다. 나는 개장 이후 1시간 동안 시장의 흐름을 파악한 후, 투자 대상 기업들을 탐방하기 시작했다. 시장이 열려 있는 시간에 기업을 방문하러 다닌다는 것이 파격적으로 받아들여졌으며, 운용본부장은 이와 관련하여 우려감을 표시하였다.

한빛은행의 자금담당자에게 운용을 위탁받으면서 운용 방침이라 할 수 있는 메시지를 전달하였다.

"제가 가보지 않은 회사의 주식을 포트폴리오에 담지 않겠습니다" 고객의 소중한 자금을 위탁받은 매니저로서 직접 기업을 방문하여, 애널리스트들의 전망을 검증한 후 투자하겠다는 메시지는 고객의 신뢰를 얻는 데에 크게 기여하였다.

회사가 채권형 위주의 영업에 주력하였기에 주식형 펀드의 규모는 상대적으로 작았다. 주식운용팀은 성장형과 혼합형, 그리고 채권형 중에서 공모주에 투자할 수 있는 하이일드형 등을 운용하였다.

시장이 열려 있는 동안 자리에 있지 않는다는 것은 포트폴리오의 매매회전율이 낮아지는 데에 기여하며, 자연히 종목당 보유 기간이 길어지게 되고, 편입하기 전부터 장기간 보유를 전제로 분석을 하게 된다. 또한 잦은 매매로 인한 수수료를 절감할 수 있다는 경제적 효과를 기대할 수 있다.

11
닷컴 버블 붕괴,
시장의 폭락 속 대박

운용을 시작한 지 4개월이 지났다. 여느 때와 다름없이 공모주에 대한 수요 예측에 참여를 검토하던 중, 국민카드에 대하여 주요 기관들이 참여하지 않았고, 국민카드와 주간사의 협의 끝에 공모가를 25% 할인한다는 소식을 듣게 되었다. 당시 코스닥의 금융 섹터에 한 종목만 있었는데, 그 주가가 급락세를 보였기 때문이었다. 상장회사의 공모가를 결정하는 방식은, 발행회사와 주간사가 협의한 가격으로 기관투자가들의 수요를 타진하는 사전 청약을 받고, 일반인들을 대상으로 공개 모집하는 절차였다. 따라서, 기관들이 최초 결정 가격이 비싸다고 판정할 경우, 공모를 연기하거나 발행가격을 낮추는데, 국민카드는 후자를 선택하였다.

사전 수요 예측 과정에서 기관들은 상장 이후 가격 상승에 대한 확신의 정도에 따라 세 가지 의무보유 기간을 정하여 청약을 하게 되어 있었다. 대개의 경우 상장 즉시 매도하는 조건으로 신청하였으며, 매도하지 않는 기간 확약은 1개월과 2개월로 구분하였다. 발행 회사와 주간사는 확약 기간에 따라 배정 주식 수를 차등화하여 오랫동안 매도하지 않겠다는 기관들에게 더 많은 주식을 배정하였다. 회사와 주간사가 장기간 보유하겠다는 투자자들을 양질의 주주로 우대하는 결정이었다.

이러한 상황에서 국민카드에 대하여 우리 팀은 공모주에 투자할 수 있는 펀드별 투자 한도를 합하여 청약하고 보유 기간은 1개월로 확약하였다. 그런데, 시장이 급락하고 기존 코스닥 금융회사의 주가가 공모가 이하로 하락하면서, 국민카드에 대한 기관들의 청약이 현저히 낮아지자, 주간사와 회사는 가격을 추가로 할인하였다.

나는 의무보유 기간을 1개월에서 2개월로 연장하기로 하였다. 우리 팀이 분석한 바로 국민카드의 미래 영업 환경과 현금 흐름에 대한 기대감이 높았는데, 가격이 25% 할인된다는 소식을 듣고 가능한 많은 물량을 배정받기 위하여 최대 보유 기간으로 확약하였다. 그리고, 그 결과는 놀라운 것이었다. 대부분의 공모주에 대한 청약 경쟁률이 높아 신청 주식 수 대비 배정 주식 수가 매우 적었는데, 이번에는 신청 주식 수가 그대로 배정되었다. 기관들 중에서 2개월 이상 의무보유 기간을 신청한 기관은 한빛투신운용 뿐이었으며, 발행 주식의 2%가 배정되었다.

한빛투신운용이 국민카드의 대주주가 되었다. 자연히 회사 차원의 우려가 제기되었고, 상장 후 하락에 대한 대응책을 강구해야 한다는 의견이 강하게 제시되었다. 이에 대해, 나와 팀원들은 국민카드의 현금 창출 능력을 다시 점검하여 하락에 대한 우려를 덜고자 하였다. 나는 금융회사의 수익구조에 대한 분석 경험을 활용하여 국민카드의 수익전망에 대한 긍정적인 전망을 유지하였다. 그러나, 한빛투신의 경영진은 시장의 하락세가 지속되면서 국민카드의 배정 물량을 분산하기로 결정하고 가능한 많은 펀드들에게 물량을 배분하였다.

회사의 우려는 상장 하루 전날 최고 수준으로 깊어졌다. 시장이 바닥을 모르고 하락하고 있었기 때문이다. 특히, 코스닥 시장은 닷컴 버블이 꺼지면서 패닉 상태에 빠져들었다. 다음 날 아침 시장이 열렸다. 거래 상황을 지켜보는 수식팀과 임식원들에게 안도와 우려가 교차하였다. 공모가보다 높은 가격에 안도하고, 첫날부터 대량 거래가 발생한 데에 따른 우려였다.

그러나, 우려가 기우였음이 드러났다. 국민카드의 가격은 둘째와 셋째 날도 대량 거래를 수반하면서 상한가 행진을 이어갔다. 의무확약을 한 기관이 한빛투신이 유일하였으므로 가격이 상승함에 따라 공모로 발행한 물량이 대부분 출회되었는데, 매수자들은 주로 외국인들이었다. 그들은 국민카드의 비즈니스 모델에 대한 기대로 원하는 주식 수량을 확보하는 기회가 되었다.

이때 한 외국계 증권사로부터 블록 매매 요청을 받았다. 불특정 다수로부터 작은 물량을 확보하는 것이 주가를 상승시키므로, 정해진 가격에 대량의 물량을 거래하자는 요청이었다. 이미 상당한 수익률을 기록하고 있던 운용팀은 제안을 수락하였다. 목표 주가에 근접하는 수준에서 거래가 되고 있다고 판단하였다. 15,000원에 배정받은 물량을 평균 28,000원에 전량 매도하였다.

2000년 연말이 가까워지면서 시장은 공황 상태를 방불케 하였다. 코스닥지수는 연초 대비 약 75% 하락하였으며, 코스피는 약 50% 폭락하였다.

이러한 폭락 장세에서 한빛투신의 안정형과 코스닥 펀드들은 상대적으로 우수한 성과를 보여, 유형별 펀드 성과에서 최상위에 올랐다. 공모주 투자의 놀라운 성과와 닷컴 기업에 대한 신중한 접근이 주효하였다. 그 결과, 코스닥 전용펀드로 출범하였으나 코스닥 종목의 비중이 30% 미만에 그친다는 사실이 이목을 끌었다. 한빛투신은 주식 부문의 선전으로 대우 관련 채권의 손실에서 벗어나는 계기를 마련하였다.

12
국책은행 자산운용사
최고투자운용역(CIO)

　닷컴 버블이 붕괴된 2000년 말 한 통의 전화를 받았다. 국책은행의 임원이라 소개한 상대방은 긴한 용건으로 만남을 제안하였다. 나에게 2명의 상담역이 있었다. 아내와 옛 동료였다. 아내는 나보다 더 반가워하였다. 남편이 한빛투신에서 주식팀장이 되기까지 겪었던 마음고생을 잘 알고 있었다. 그리고, 뉴욕에서 함께 근무한 동료는 뉴욕에서 한국으로 돌아와 모 증권회사에서 근무 중이었는데, 면담 후 같이 생각해 보자고 하였다.

　다음 날 약속 시간에 맞춰 시내 산업은행 본점에서 그 임원과 면담을 하였다. 산업은행은 대우그룹 사태로 대우증권과 자회사를 인수하게 되었는데 자회사 중에 투신운용회사가 있었다. 그 운용사는 대우 채권에 따른 후유증으로 자생적 회생이 어렵다고 판단하여 지주회사 차원에서 구조조정을 계획하고 있었다. 새로운 운용회사를 설립하여 손자회사인 서울투신운용의 우량자산을 매수와 인수(P&A) 방식으로 이전한 후, 손자회사는 부실자산 정리와 함께 청산한다는 계획이었다.

그 임원은 신설 계획 중인 운용회사의 설립 준비위원장이었는데 나에게 운용본부장을 맡아줄 것을 제안하였다. 주식운용팀장이 아니라 본부장이라는 데에 생각할 여유를 달라고 답변하였다. 그리고, 동료에게 의논했을 때 그는 제안을 수락할 것을 권했다. 국책은행 자회사의 경쟁력을 기반으로 성장성이 있으며, 운용본부장을 맡는 것이 본인의 운용철학을 반영할 수 있을 거라는 의견이었다.

증권시장의 Sell Side에서 Buy Side로 전직한 후 1년이 지나지 않아 주식운용팀장을 거쳐 운용본부장으로 승진하였다.

한빛투신을 떠나면서 함께 떠난 이들이 있었다. 리스크 담당 직원과 마케팅 총괄 본부장이었다. 내가 떠나기로 하자 본인들도 함께 가겠다고 나선 것이었다. 두 사람 모두 새로운 운용사에서 마케팅과 리스크관리를 담당할 적임자들이었다.

그러다 예상치 못한 일이 벌어졌다. 금융감독원의 설립 인가를 기다리던 중 나쁜 소식이 전해졌다. 국책은행이 민간 분야에 진출하는 것에 대하여 기존 업계가 반대하는 목소리가 들리더니, 급기야 부총리가 설립 계획을 유보하겠다고 발표하였다. 신설 법인의 등기임원으로 등록하고, 2000년 12월부터 이듬해 3월 중순까지 운용본부장으로 운용조직을 기획하고 있던 나는 당황하지 않을 수 없었다. 국책은행이 추진하던 자회사 설립이 어떻게 무산될 수 있는가?

소식이 전해지고 얼마 지나지 않아 산업은행에서 인사와 관련한 제안이 왔다. 자본시장실의 원화유가증권부서에서 계약직으로 근무하는 것이었다. 그리고 설립을 추진하던 신설 운용회사는 해체되었다.

나의 거취와 함께 고민해야 할 두 사람이 있었다. 한빛투신을 그만두고 설립인가를 기다리던 리스크 담당과 마케팅 본부장이었다. 나는 산업은행에서 근무하게 되었지만, 그들에 대한 조치가 필요하였다.

나는 서울투신운용의 사장에게 전화하였다. 서울투신운용은 산업은행이 청산하기로 하였던 손자회사인데, 산은투신운용의 설립이 무산되어 존속할 가능성이 높아졌다. 당시 시장은 대우투자자문에서 근무할 때 외국인 대상 펀드의 설립과 운용 과정에서 나와 협력한 바 있었기에 두 사람의 이직을 흔쾌히 받아들였다.

내가 산업은행에서 맡은 업무는 보유 중인 주식들을 관리하는 것이었다. 국책은행이 출자 전환한 지분들이었고, 대우그룹 계열사들의 주식들도 포함되어 있었다.

자문 업무로 2개월을 보낸 후 나는 이직을 생각하였다. 펀드매니저로 돌아가고 싶었다. 다시 서울투신운용의 사장을 찾아갔다. 이번에는 나의 취직을 요청하기 위한 목적이었다. 반갑게 맞은 사장은 "지난번 찾아왔을 때 이 본부장 자신의 취직을 부탁하는 것으로 생각하였네"라며 함께 일하자고 손을 내밀었다.

13
청산 대상 운용사가 종목 선정 기법(PEG)으로 기사회생

서울투신운용에 출근한 것은 현충일 다음 날 2001년 6월 7일이었다. 여의도 KBS별관 옆에 위치한 회사에 출근하였을 때 주식운용팀의 대리가 나를 맞이하였다. 운용 자산의 규모는 약 400억 원, 펀드 수는 20여 개였다. 시장의 폭락 이후 원금 회복을 기다리는 자금이었다.

이직 이후 최우선으로 시작한 업무는 운용시스템의 구축이었다. 운용 철학에 대하여 경영진과 협의하고, 새로운 가치 평가 기준으로 포트폴리오를 운용하는 과정을 공유하였다.

운용시스템의 구축과 함께 자금의 유치를 위하여 마케팅팀과 공조하기 시작하였다. 투자자들에게 접근할 수 있는 채널을 확보하기 위하여 대우증권의 판매 조직을 점검하였다. 법인 고객 담당 권○○ 부장을 소개받아 구체적인 마케팅 방안에 대하여 협의하였다. 펀드

시장에 대한 분석 결과, 펀드 고객들의 투자심리가 매우 취약하며, 시장 방향성도 불투명하여 일반적인 주식 펀드로 법인의 자금을 유치하기 힘들 것으로 예상되었다. 시장이 크게 저평가되어 있다는 점과 주식 투자심리가 약하다는 데에 착안하여 혼합펀드로 시작하자는 데에 의견이 모아졌다. 그리고, 다른 혼합펀드와 차별화하기 위하여 주식시장이 상승세를 보일 때 주식으로 전환하여 수익을 창출하는 전환사채 비중을 높게 유지하는 안정형 혼합펀드를 판매하기로 하였다. 펀드의 자산 구성과 종목 선정 기준 등을 포함한 운용체계를 소개하는 사료를 작성하여, 권 부장과 마케팅을 개시하였다.

첫 투자설명회는 노원구 상계동을 비롯한 인근 지역의 새마을금고들이었다. 예대 마진 외에 채권과 함께 주식형 펀드에 투자하는 고객들이었다. 권부장은 지역 새마을금고들과 오랜 기간 신뢰 관계를 유지하고 있었으며, 내가 개발한 혼합형 펀드에 대한 설명회를 주선해 주었다. 7월의 무더위에 굵은 땀을 닦으며 금고와 금고를 다니며 펀드를 소개하였다.

지역 금고들이 협의하는 모임이 결성되어 있었는데, 개별 금고 방문과 함께 다수의 금고 관계자들을 초청하여 펀드의 구조와 특징 등에 대한 질의응답의 시간을 가졌다. 그 자리에서 내가 말했다.

"저는 방문하지 않은 회사는 편입하지 않겠습니다"

첫 자금의 유치가 이루어진 것은 방문 설명회를 마친 지 일주일이 지난 시점이었다. 순자산의 30%까지 주식에 투자할 수 있으며, 전환사채를 편입하는 CB플러스 혼합형 펀드였다. 일주일 만에 100억 원의 자금이 유치되었다. 펀드에 대한 수요를 확인한 후 방문 설명회를 확대하여, 그다음 달 100억원의 혼합형 펀드가 추가로 설정되었다.

투자설명회와 병행하여 포트폴리오를 설정하기 위한 종목 발굴에 들어갔다. 먼저, 증권사들로부터 기업들에 대한 수익추정자료를 확보한 후, 내가 개발한 가치 평가 기준들을 적용하여 저평가된 기업들을 탐방하기 시작했다.

개장 후 1시간 동안 시황을 보고 주문을 낸 후 기업들을 탐방하는 일과가 이어졌다. 고객들에게 말한 대로 방문하지 않은 기업의 주식은 포트폴리오에 편입하지 않겠다는 약속을 지켜나갔다.

그러던 중, 세상이 놀라는 사건이 발생하였다. 횡보하는 시장 분위기 속에 9월 11일 뉴욕 월드 트레이드 센터 빌딩들이 차례로 폭파되어 무너졌다. 두 건물과 함께 인근의 빌딩도 주저앉았으며, 워싱턴DC의 펜타곤에 여객기가 충돌하는 사건이 전 세계를 충격 속으로 몰아넣었다.

전례 없는 미국 본토에 대한 대형 테러는 전 세계 주식시장의 폭락을 가져왔다. 1년 전 반토막 난 시장은 500선을 아래로 뚫고 급락하였다. 지수 500에서 기업들의 주가가 저평가되어 있다고 생각하고 있던 나는 돌발 악재에 의한 시장 폭락은 단기간에 회복할 수 있을 것이라고 판단하였고, 운용 중이던 혼합형 펀드의 주식 비중을 약관 한도인 30%까지 확대하였다. 하락하는 우량주들을 싼 가격에 펀드에 편입한 후 시장은 급반등세로 돌아섰다.

테러의 원인 분석과 범인들에 대한 정보가 시장에 알려지고, 급락에 따른 반발 매수세가 들어오기 시작하였다. 미국 사회가 초유의 대형 참사로 충격에 빠져 있었지만, 시장의 투자자들은 가격 회복 가능성에 주목하였다. 내가 운용 중인 펀드 수익률은 빠르게 상승하여 경쟁 펀드들을 앞서 나가기 시작했다.

나의 펀드들의 수익률 상승과 함께 새로운 기회가 다가왔다. 국민연금에서 신규로 외부 운용사에게 자금을 위탁하면서 이전과 다른 방식을 적용한다는 것이었다. 증권에서 판매하는 펀드에 위탁하지 않고 일임 자문으로 전환하여 판매 수수료를 절감하는 방안이었다. 개별 펀드의 난립을 지양하고, 펀드들의 지나친 경쟁을 완화하려는 의도가 반영된 시도였다.

일임하는 부문들은 지수형, 성장형, 적극형, 그리고 중소형주형 등으로 구성되었다. 특히, 중소형주 스타일은 처음으로 도입되었는데, 높은 수익률을 보였던 당시 시장 상황에 근거하여 시도되었다. 이전 2년간 대우 사태로 서울투신운용에 변변한 펀드가 없었기에, 경쟁사에도 트렉레코드가 없는 중소형주 부문에 지원하였다.

그리고, 국민연금의 위탁 심사 결과 시장이 믿기 어려운 일이 일어났다. 서울투신운용이 국민연금에서 중소형주 부문의 위탁운용사로 선정되었다. 여의도에서 서울투신이 국민연금을 상대로 상당한 로비를 했을 것이라는 웅성거림이 들렸다. 서류심사에 이어 현장심사 그리고 프레젠테이션으로 이어진 선정 과정을 거치며 수탁 가능성이 높아지는 것을 실감할 수 있었다. 놀라운 것은 수탁 자체를 넘어 수탁 규모였다. 총 위탁자금 6,000억 원을 한 운용사당 평균 330억 원을 위탁하였는데 서울투신은 그보다 많은 400억 원을 위탁받았다.

　서울투신운용이 국민연금의 위탁운용사로 선정된 것은 자금 유치 이상의 의미를 갖는 것이었다. 대우 사태 이후 부실채권으로 대외적 이미지에 상처를 입어 수탁자산이 급격히 감소하고 자금 유치가 어려웠던 굴곡에서 벗어나는 계기가 되었다. 판매사가 거의 없었던 운용사에 시장의 관심이 모이기 시작하였으며, 증권사 법인 담당자들의 방문이 늘어나는 등 운용사로서 면모를 되찾기 시작하였다.

　사장을 비롯한 임직원들의 사기가 올라간 것은 물론이었다. 새로운 펀드를 개발하기 위한 노력이 가속화되는 가운데 장기투자에 대한 세제 혜택이 주어지는 증권 저축펀드의 허용은 운용 자산의 확대에 크게 기여하였다. 대우채 관련 손실분담 문제로 불편했던 대우증권도 자회사인 서울투신 펀드를 적극적으로 판매하기 시작하였다. 시장의 회복에 힘입어 수탁자산은 급격하게 늘어갔다.

　그로부터 1년이 지난 2002년 겨울, 국민연금으로부터 위탁받았던 중소형주 자금에 대한 평가가 이뤄지고, 제시된 기준지수 대비 초과수익률을 기준으로 최고 수준의 인센티브를 받았다. 그러는 가운데 주식운용팀은 2명의 매니저들을 충원하여 총 4명의 매니저들이 4,000억 원이 넘는 자금을 운용하게 되었다. 청산 대상 운용사의 자신이 400억 원에서 1년 6개월이 지나 10배 수준으로 늘어났다.

14
투자자문사
최고투자운용역(CIO)

주식운용부문이 정상화되는 서울투신운용에 대한 시장의 관심이 높아지면서 나에게 스카우트 제의가 들어왔다. 거부하기 어려운 요청이었다.

사장의 만류에도 불구하고 2003년 1월 새로운 회사에 출근하기 시작하였다. 투신운용사가 제도권에 속했다면 새로 근무하게 된 회사는 비제도권의 투자자문사였다. 운용회사의 필요 자본이 적고, 펀드의 설정 또는 판매가 금지되어 일임 자문만 수행할 수 있었다. 솔로몬투자자문은 대우증권에서 함께 근무하였던 임원들이 설립한 회사였으며, 국제본부장이셨던 분이 사장으로 재직 중이었다.

나의 재직 기간은 7개월이었다. 자문사를 떠난 것은 그해 여름이었다. 사장에 대한 내부 불만이 점증하더니 2, 3, 4대 주주들이 1대 주주였던 사장에 대한 탄핵을 결정한 것이다. 임원 회의에서 사장이 회장으로 물러나 경영에서 손을 떼는 것으로 내분은 봉합되었다. 스카웃한 사장이 일선에서 물러나면서 나의 거취에 관한 내부 논의 후 나와 주식팀장 중 한 명을 선택하는 결정이 있었다. 그리고, 임원들은 회사 설립부터 참여하였던 주식팀장을 선택하였다.

15
등산화 구입

    자문사를 떠난 후 업계로 돌아오기까지 약 10개월의 시간이 걸렸다. 마흔한 살의 펀드매니저를 채용하겠다는 운용사를 찾는 것은 쉽지 않았다. 여의도의 지인들을 만나 운용전략과 한빛투신과 서울투신의 투자 성과에 대하여 설명하는 것이 주된 일과였다.
    그리고 등산화를 구입하여 서울 근교 산을 오르기 시작했다. 주중의 산에는 등산객들이 붐비지 않아 조용한 산행이었다. 어느 날 도봉산을 오르다 잠시 휴식을 취하는데, 연로한 등산객들의 대화가 귀에 들어왔다. "요즘 젊은이들이 일자리가 없어서인지 주중에도 산에 많네"

16
정통부 자금운용지원팀장, 전략적 자산배분
(Strategic Asset Allocation)

    그러던 어느 날 지인의 전화를 받았다. 그날도 여의도의 증권업계 관계자들을 만나러 가는 중이었다. 다짜고짜 지금 일러주는 자리로 가라는 것이었다. 정보통신부 산하 우정사업본부가 새롭게 조직하는 자금운용지원팀이었다. 업계에서 정통부 자금이라 불리며 우체국의 예금자금과 보험적립금을 운용하는 곳인데, 공직자들의 자산운용을 도와주는 전문가팀을 신설하고 있었다. 신설 팀장으로 운용본부장의 역량을 갖춘 사람을 찾고 있었다.

    지인은 국내 자산운용업계의 새로운 비즈니스 모델로 펀드평가회사를 설립하여 운용 중이었고, 우정사업본부의 자금운용에 대한 경영 컨설팅을 하고 있었으며, 운용의 전문성을 보강하기 위한 방안으로 자금운용지원팀을 신설하는 데 조언 중이었다.

    나는 우체국예금보험지원단에 소속되었다. 새로운 조직이었기에 주식과 채권운용, 리스크 관리 등 부문별 경력자들을 대상으로 서류심사와 면접을 거쳐 선발하였고, 최소 필요 인력으로 업무에 들어갔다.

팀원들을 채용하고 업무를 분담한 후 착수한 업무는 컨설팅이었다. 자금운용 성과의 대부분을 차지하는 전략적 자산배분에 관하여 관련 부문의 전문가로부터 자문을 받기로 한 것이었다.

우체국예금과 보험적립금은 시중은행과 보험회사와 달리 운용상 제약이 있었다. 대출을 할 수 없었다. 시중은행들이 예대금리 차이를 수익 원천으로 삼아 금리변동에 대응할 수 있는 반면, 우체국예금은 대출을 할 수 없기 때문에 금리 상승 국면에 조달 비용이 증가하는 반면, 보유 채권 가격은 하락하여 운용 수익률이 압박받는 구조였다. 이러한 구조적 취약점을 보완하는 것이 컨설팅을 받는 계기였다.

오랜 기간 우정사업본부의 자금줄인 예금자금에 시장 상황은 운용 수익률의 제고를 위한 대책을 요구하고 있었다. 채권 금리 이상의 추가 수익을 창출하기 위해 위험자산을 편입하여 수익률을 올릴 방안이 필요하였다.

컨설팅업체와의 공조는 조달 자금 금리와 만기 구조를 파악하는 데에서 시작하였다. 목표는 사업 비용을 충당하는 운영 자금을 안정적으로 확보하는 것이다. 그 결과, 전체 운용 자금을 단기와 장기로 구분한 후, 단기자금은 사업에 필요한 유동성을 공급하고, 장기자금은 필요한 수익을 창출할 목적으로 설계하였다.

장기간 적용할 자산배분 계획이기에 투자 대상은 전통자산에서 대체자산, 그리고 국내와 해외 자산을 포함하였으며, 컨설팅업체의 데이터베이스를 활용하여 몬테카를로 시뮬레이션[*] 기법을 적용하였다.

컨설팅을 통하여 마련된 전략적 자산배분을 요약하면, 단기자금에 대한 수요에 대응하여 일정 자금을 3, 6, 9, 12개월 만기별로 확보할 수 있도록 우선 배분한 후, 수익률 제고를 위한 장기자금은 고위험 자산군에 배분하는 것이었다.

전략적 자산배분을 실시함으로써 얻게 되는 것은 수익률 제고에 그치지 않았다. 먼저, 운용 자금의 부채 구조에 대한 종합적인 이해가 필요했기 때문에 운용인력들이 공감대를 이룰 수 있었다. 즉, 수익률을 추구하는 위험자산의 관리 체계를 갖추게 되어, 위기 상황이 발생할 경우 손실의 확정 또는 연장을 위한 대응조치가 가능하게 되었다.

무엇보다 개별 자산에 대한 투자가 전체 포트폴리오에 미치는 영향에 대한 이해가 가능해지면서, 운용부서와 관리부서가 상호 소통하는 정보 인프라의 역할을 기대할 수 있게 되었다. 나아가 리스크 관리부서와 공동의 목표 달성을 추구하는 공조가 원활해졌.

우정사업본부의 포트폴리오가 전통자산인 예금과 채권 위주에서 주식과 대체자산 등으로 확대된 것은 외부 전문가들과 함께 마련한 전략적 자산배분 덕분이었다. 대규모 자신의 총수익률에 결정적 영향을 미치는 자산배분 계획은 자산운용팀에서 기안하고 우정사업본부 임원회의에서 승인되었다.

---

[*] 불확실한 사건의 가능한 결과를 예측하는 수학적 기법으로, 컴퓨터 프로그램은 이 방법을 사용하여 과거 데이터를 분석하고 선택에 따라 다양한 미래 결과를 예측합니다.

이렇게 마련된 자산배분을 실행에 옮기는 동안 글로벌 시장은 2003년 이후 경기 회복과 함께 상승세를 지속하였다. 국내 자산뿐 아니라 해외 자산들에 대한 적극적인 분석과 투자가 병행될 수 있었던 것 또한 장기 목표 포트폴리오에 대한 구성원들의 이해와 공감대가 있었기에 가능하였다. 새로운 자산의 기대 수익률과 변동성 등에 대한 분석이 이루어지면, 투자심의 단계에서 전체 포트폴리오에서 담당할 역할, 수익률과 변동성에 대한 기여도를 분석하는 수순으로 진행되었다.

한편, 예금에 대한 전략배분이 다양한 분야에서 효과를 보이면서, 1년 후 보험적립금의 운용을 위한 체계적 접근이 시작되었다. 동일한 외부 전문가와 장기 목표 포트폴리오 설정을 위한 용역이 발주되었다.

우체국예금자금과 달리 보험적립금의 부채 만기는 평균 9년으로 장기이며, 목표 수익률 또한 차별화되어야 했다. 그 결과, 조달 금리와 만기 구조에 맞추어 포트폴리오의 만기 구조를 설계하는 것이 필요하였으며, 전체 보험 사업의 목표 달성을 위하여 운용에서 달성해야 할 목표 수익률이 정해졌다.

이에 따라, 예금자금보다 높은 수익률을 위하여 비유동성 프리미엄[*]을 추구하는 대체자산의 비중이 높아지게 되었으며, 특별 자산이나 부동산 등에 대한 투자가 확대되었다. 당시로서는 낯선 상품이었던 일본 리츠에 대한 투자를 실행할 수 있었던 것이 이러한 배경이 있었기 때문이다.

---

* 빨리 현금화하기 어려운 자산에 투자했을 때 받는 추가 수익입니다.

이와 같이, 국내와 해외의 전통자산과 대체자산에 대한 투자는 국내외 업계에서 다양한 변화를 가져왔다. 자산들의 낮은 상관관계를 활용하는 분산 효과를 통하여 포트폴리오의 변동성 대비 수익률을 높이는 투자 문화의 조성에 기여하였다.

17
440조 클럽의 유럽탐방, 중앙인사위원회 우수연수프로그램상

　우정사업본부에서 내가 추진한 세 번째 업무는 공공 COiAM (Community for Interactive Asset Management)의 결성과 운영이었다. 예금자금과 보험적립금을 운용하는 내부 역량을 보완하기 위하여 분야별 외부 전문가들과 정기적으로 협의하는 모임을 만들었다.

　주식, 채권, 대체자산, 그리고 해외투자 등 4개 분야에서 외부 전문가들이 참여하는 모임이었다. 내가 특별히 관심을 가졌던 분야는 해외투자 부문이었다. 대우증권 국제본부의 경력이 자연스럽게 글로벌 자산들에 관한 이슈들을 협의하도록 만들었고, 해외투자 COiAM에 글로벌 자산운용사들을 초청하여 선진 투자기법들을 공유하도록 진행하였다. 이들 4개 COiAM들은 매주 목요일에 만났는데, 우정사업본부의 직원들이 주 1회 외부 전문가들과 현안에 대하여 협의하면서 전문성을 키우는 한편, 실제 운용 과정에 반영하였다.

상호 교류를 통한 자산운용이라는 COiAM의 메시지가 대내외에 확산되면서, 다른 공공기금들과 소통을 통한 시너지 효과를 올리기 위하여 공공 COiAM을 조직하였다. 투자기관들이 정기적으로 만나 공동의 관심사에 대하여 협의하고, 각 기금별 목표수익을 달성하는 데 필요한 정보를 구하자는 취지였다. 그러나, 우체국 내부의 COiAM들과 달리 공공 COiAM의 결성 과정은 예상보다 어렵게 진행되었다. 각 기금이 고유한 전략적 자산배분을 수립하여 운용 중이었으며, 업계로부터 다양한 정보를 제공받고 있었기에 공동 협의의 필요성을 느끼지 못하였다.

참여를 주저하는 공공기금들을 위한 행사를 마련하자는 아이디어가 나왔고, 해외 금융회사들을 탐방하기로 하였다. 우정사업본부와 국민연금을 비롯한 주요 연기금의 실무자들이 런던과 파리의 글로벌 자산운용사들과 투자은행들을 방문하는 것이었다. 그들의 운용 역량과 성공 요인들을 벤치마킹하여 각 기금별 운용시스템을 개선하는 아이디어를 찾아보고자 하였다.

공공 COiAM의 해외 탐방은 인천공항에서 런던행 비행기를 타는 것으로 시작되었다. 런던의 남부에 위치한 숙소에 여장을 풀고 이국의 첫 저녁을 함께한 후, 이튿날 바클레이은행을 방문하였다. 키나리워프에 위치한 바클레이은행은 한국의 대형 연기금들의 방문을 맞아 최고 경영진들이 총출동하였다. 당시 글로벌 경기 동향과 전망, 금융시장의 변화, 그리고 다양한 금융 자산이 소개되었다.

이어 글로벌 자산운용사로 오랜 역사를 가진 슈로더자산운용

(Schroders Investment Management)를 방문하였다. 주식운용을 위한 다양한 전략들이 소개되었고, 방문한 연기금 실무자들이 그들의 세부적인 운용 과정에 대하여 질문하였다.

투자은행과 운용사에 이어 영국 금융빅뱅의 상징인 증권거래소를 방문하였다. 글로벌 경기와 자본시장에 관한 광범위한 정보들에 접근하는 시스템과 세계로부터 들어오는 주문들의 접수와 매매 체결, 그리고 결과를 전달하는 과정에 대한 상세한 설명이 이어졌다.

런던과 파리의 주요 금융회사들을 탐방하는 9박 10일의 연수프로그램은 그해 연말에 중앙인사위원회로부터 우수연수프로그램으로 선정되어 상을 받았다. 참가자 개인마다 오랫동안 기억에 남을 소중한 경험이었다.

18
글로벌 금융위기의 격랑

2006년 말 우정사업본부를 떠났다. 약 3년 동안 전문인력들을 조직하고 운용시스템을 구축하였다는 자부심을 뒤로 새마을금고중앙회로 이직하였다.

전국에 가장 많은 서민금융회사인 새마을금고들의 중앙회로서, 감독과 보험 기능을 동시에 수행하며, 회원사들로부터 자금을 위탁받아 운용하는 기관이었다. IMF 당시 새마을금고는 자금 지원을 받지 않았다. 그 이유는 서민금융기관으로 지역밀착 금융서비스를 개발하고, 부실한 마을금고들을 과감하게 통폐합하는 구조조정을 실시했기 때문이다.

2007년 1월부터 중앙회에 부임한 나는 대체투자팀을 맡았다. 이전에 국제투자팀이었던 부서명이 나의 참여와 함께 바뀌었다. 운용 규모는 약 1조 2천억 원으로 주로 해외 자산들에 투자하고 있었다.

해외 주식과 채권, 그리고 헤지펀드 등은 국내외 운용사들에게 위탁운용하였으며, 구조화 채권과 실물 자산은 투자은행들을 통하여 직접 투자하였다. 각 자산 간 수익률의 상관관계가 낮은 만큼 포트폴리오 분산 효과가 크다는 경제적 효과가 있겠지만, 각 자산 담당자들 간의 공조는 부족해 보였다.

해외 주식과 채권으로 구성된 전통자산과 함께 헤지펀드와 실물자산과 같은 대체자산들에 대한 투자 비중이 상당하였다. 중앙회 전체 자금의 대부분이 국내 채권과 주식에 투자되고 있었기에 해외 자산은 나의 대체투자팀에서 운용하였다.

중앙회의 대체투자팀이 해외 자산 투자를 활발하게 하면서, 해외의 투자은행 또는 운용사들의 방문이 이어졌다. 특히, 해외 헤지펀드에 국내에서 두 번째로 큰 규모를 투자하고 있었다. 그때 뉴욕 소재의 한 헤지펀드를 방문한 적이 있다. 약 120명의 매니저들이 제각기 독창적인 운용 기법으로 절대수익을 창출하는 가운데, 전체 펀드 차원의 리스크 요인별 노출 정도를 관리하고 있었다. 매니저별 위험량을 측정하여 특정 위험 요인에 대한 노출이 과다하지 않도록 운용규모를 조정하였다. 운용전략별 수익률의 상관관계가 높지 않아 전체 펀드의 위험이 낮았으며, 매니저들이 시황에 휩쓸려 자기만의 운용전략에서 벗어날 경우 리스크팀에서 조절하고 있었다. 그 결과 안정적인 수익을 창출하여 절대수익을 추구하는 많은 고객들로부터 자금을 수탁받고 있었다.

2007년은 글로벌 시장이 2003년부터 시작된 장기 랠리의 정점을 향해 질주한 시기였다. 2000년 초 닷컴 버블이 붕괴된 후 저금리 정책으로 풍부해진 유동성에 힘입어 자산 가격이 장기간 상승하였다.

  포트폴리오에 포함된 자산 중 글로벌 경기와 시장의 방향이 전환되는 것을 먼저 알린 것은 해외 채권이었다. 구조화 채권[*]과 헤지펀드의 손실이 현실화되고 있었다.

  오랫동안 의심의 여지없이 적용되던 자산 간 상관관계가 변하고 있었다. MBS[**]의 부실화가 뇌관이었다. 월가에서 부실한 신용에 대한 과도한 자금 공급으로 신용위험이 현실화되면서 투자자들의 심리를 공황 상태로 몰아넣었다.

  CDO(Collateralized Debt Obligation)[***]는 안정과 수익을 동시에 만족시키는 매력적인 투자 상품으로 판매되었으나, 주택 구입자들의 대출 상환이 부실화되면서 담보 가치가 하락하여 CDO 가격이 급락하였다. 특히, 이러한 CDO를 신용평가사들마저 가격을 제시하지 못하게 되어, 상품을 설계하고 발행한 투자은행이 평가한 가격을 사용할 수밖에 없었다. 나는 평가손을 생각하는 대신, 보유한 CDO의 구성 내역을 분석하여 신용이 우량한 자산을 추가 편입하면서 보유 기간을 연장하였다. 다행스럽게 내가 중앙회를 떠난 후 2009년 2월부터 연준의 양적 완화가 시작되면서 글로벌 채권과 주식시장은 급반등하였다.

---

[*] 일반적인 채권에 파생상품을 결합하여 만든 금융상품입니다. 채권의 원금 및 이자가 주식, 금리, 통화 등 기초 자산의 변동에 따라 결정되거나, 다양한 기초 자산을 구조화하여 만든 상품을 의미합니다.

[**] MBS는 모기지담보증권을 말합니다. 이들은 주로 주거용 부동산에 대한 모기지 풀의 현금 흐름에 대한 청구를 나타내는 채무 증권입니다.

[***] 부채담보부증권(CDO)은 구조화된 자산담보부증권(ABS)의 한 유형입니다. 원래는 회사채 시장을 위한 수단으로 개발되었지만, 2002년 이후 CDO는 모기지담보부증권(MBS)을 재융자하는 수단이 되었습니다.

19
자금운용의
사회적 책임(ESG)

중앙회 대체투자 자산들은 국내 주식과 채권과 무관하게 움직이는 것을 목표로 투자된 것으로, 부동산, 사모주식, 그리고 헤지펀드를 의미했다. 글로벌 금융위기 속에 나는 기존 포트폴리오의 구조조정과 함께 실물 자산에 대한 투자 기회에 주목하였다. 자본시장의 변동성이 높아지는 상황을 맞아 포트폴리오의 자산간 수익률의 상관관계를 낮추기 위한 시도였다.

와인과 한우, 학교 교사를 비롯한 교육시설에 투자하였다. 다른 투자기관들과 함께 설정한 인프라 특별 자산 펀드는 지방자치단체들의 학교 시설물에 투자하는 사회책임 투자의 하나인 BTL(Build and

Transfer and Lease)*였다. 장기간 국고채 금리보다 높은 수익이 확보될 수 있도록 설계하여, 안정적인 수익 창출과 교육 인프라를 개선하는 효과를 기대하였다. 중앙회를 비롯하여 우정사업본부, LIG생명, LIG손해보험, 농협중앙회, 신한생명, 그리고 흥국생명 등의 기관투자가들이 한국투신의 특별 자산운용과 손잡고 5,700억 원의 인프라 펀드를 출범시켰다.

지방의 교육시설 건축과 유지에 필요한 자본을 펀드로 조성하여 투자하고, 원금과 이자를 각 지방자치단체의 재정이 지급을 보증하는 방식으로, 청소년들이 더 좋은 환경에서 교육을 받게 하려는 공익적 목적을 달성하고자 하였다. 또한, 군인관사, 노후 하수관, 공공복지시설, 철도 복선화 등 지역의 사회기반시설 등에 투자하였다. 투자 7년과 운영 20년으로 27년간 운용될 예정이다.

투자의 관점에서 보면, 국채 금리에 소폭의 가산금리를 보장하는 수준에서 결정되는 상품이므로, 지방채에 대한 투자와 동일한 위험과 기대 수익이라고 할 수 있었다.

---

* BTL(Build-Transfer-Lease)은 민간 기업이 인프라 프로젝트를 건설하고 소유권을 공공 부문으로 이전한 다음 투자금을 회수하기 위해 지정된 기간 동안 다시 임대하는 PPP(Public-Private-Partnership)의 한 유형입니다.

나는 실물 자산에 투자하면서 해외 부동산에 대해서는 소극적이었다. 대부분의 기관투자자들이 몽골, 우즈베키스탄, 캄보디아, 베트남 등지의 부동산 프로젝트를 실사하는 일정에 나는 참여한 적이 없었다.

한우펀드는 미국산 쇠고기 수입이 시작되면서 한우 가격이 폭락하던 시기에 설정되었다. 사회적 책임 투자 차원에서 한우펀드는 미국산 쇠고기 수입에 따른 축산농가들의 어려움을 지원하면서 안정적인 수익을 기대하였다. 한우의 가격경쟁력 약화로 판매가 급감할 것이라는 우려가 확산되어 송아지 가격이 급락하였다. 정부의 사료와 자금 지원에도 불구하고 수입산 쇠고기에 밀려 매출이 부진할 것을 우려한 농가들이 한우 사육을 포기하고 있었다.

이러한 점에 착안하여 충남 예산군과 제휴하여 한우 사육을 지원하여 수익을 농가와 중앙회가 배분하는 펀드를 기획하였다. 예산 농가가 6개월 된 암송아지를 구입하는 자금을 펀드가 지원하고, 사육한 후 수의사들이 인공 수정을 실행하기로 했다. 암소의 회임 기간이 사람과 비슷한 9개월인데, 새끼를 낳으면 3~6개월 키운 후 시장에 매각한 수익을 펀드와 농가가 나누는 방식이었다. 이렇게 수정과 분만, 사육과 판매로 이어지는 일련의 과정을 2회 실시한 후, 해당 암소는 매각하여 투자원금을 회수하는 것이었다. 그리고, 암소의 가격이 하락할 것에 대비하여 손해보험계약을 체결하여 원금 손실에 대비하였다.

펀드자금 100억 원으로 구입해서 농가에 들여온 암송아지는 2,500~3,000마리였으며, 참여 농가는 200여 가구였다. 농가는 땅과 노동을 제공하였으며, 송아지와 암소의 가격이 상승할 경우 추가 이익에 참여하는 인센티브를 부여받았다.

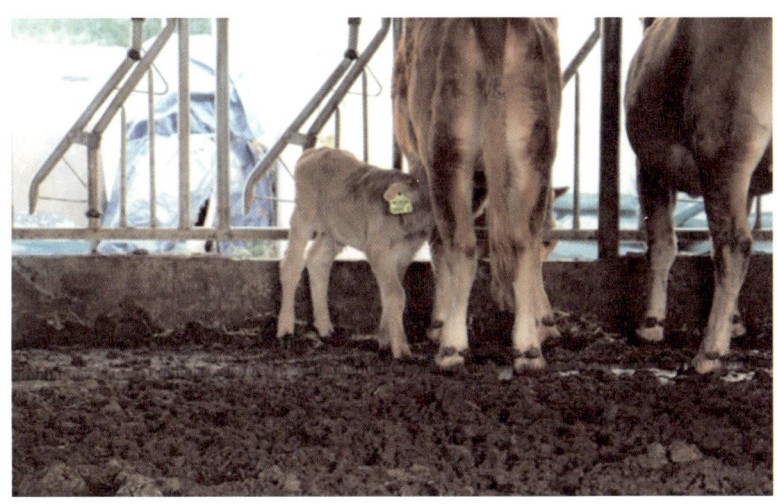

새마을금고를 떠나다

 2007년 초 미국의 모기지 시장의 파동으로 시작된 글로벌 유동성 위기는 2008년 9월 리먼 브라더스의 파산으로 정점을 기록하였다. 그러던 중 나를 스카우트 하였던 운용본부장이 국민연금의 운용본부장 공모에 지원하여 최종 후보 3명 중 한 사람으로 선정되었다.
 국민연금은 시장의 예상과 다르게 누구도 선임하지 않았다. 많은 시장 관계자들이 배경을 알고 싶었다. 치열한 경합을 벌여 3명으로 범위가 좁혀졌는데 적임자가 없다는 것이었다. 시장에 대한 해명이나 이해를 구하는 발표는 없었으며, 새로운 공모를 실시한다는 소식이 전해졌다. 그리고 새로운 인물이 국민연금의 운용본부장으로 선임되었다.

 본부장의 탈락은 업계와 중앙회가 납득하기 어려운 것이었다. 하지만 그는 이미 중앙회에 사임 의사를 표시하였기에 공모 결과와 관계없이 연합회를 떠나게 되었다. 공석이 된 중앙회의 운용본부장 자리를 두고 다양한 예상이 있었다. 대내외의 뜨거운 관심 속에 투자자문사 출신의 본부장이 선임되었다.

 그러던 중 해외투자에 전념하는 한국투자공사(KIC)에서 팀장을 찾는다는 얘기가 들렸다. 공사가 모집하는 분야는 대체투자팀, 간접운용팀, 투자전략팀 등이었다. 대체투자팀은 헤지펀드, 사모주식, 부동산 등에 투자하며, 간접운용팀은 전통자산을 해외 운용사에게 위탁운용 하는 조직이었다. 그리고, 투자전략팀은 운용본부의 투자기획을 담당하여 운용본부장의 업무를 지원하는 부서였다.

나를 비롯한 많은 지원자들이 선호하는 곳은 간접운용팀장이었다. 공개모집을 실시한 2008년 말 자산의 2/3 이상을 간접으로 운용하고 있어 대외적으로 가장 영향력이 있었으며, 월가를 비롯한 세계 최고의 운용사들을 선별하여 자금을 위탁하고, 운용 성과를 분석하는 등 사후관리하는 자리였다.

지원서를 접수한 후 간접운용팀장은 경쟁이 치열하였지만, 투자전략팀장은 내가 선발될 가능성이 높다는 얘기가 들렸으나, 나는 간접운용팀장을 고수하고 결과를 기다렸다. 그러던 중, 공사의 운용본부장으로부터 전화가 걸려왔다. 서류를 검토하다가 확인할 것이 있다고 했다. 새마을금고중앙회에서 헤지펀드에 투자한 경력에 관하여 나의 역할과 운용 과정에 관한 질문이었다.

나는 KIC의 최종 심의 결과 간접운용팀장으로 선발되었다.

합격 통보를 받고 나서 중앙회에 사직 의사를 전달하였다. 중앙회의 운용본부장은 무척 아쉽다고 했다. 신임 본부장은 경험이 없어 해외투자를 나에게 일임하고 있었기 때문이었다. 새마을금고중앙회를 떠나는 날 회장실에 들러 퇴직 인사를 드렸다. 회장은 반갑게 자리를 권한 후 차를 들면서, 오랫동안 중앙회에 기여할 것으로 기대하고 있었다며 깊은 아쉬움을 나타내었다.

20
글로벌 금융위기와 한국투자공사
(Korea Investment Corporation)

　한국투자공사(Korea Investment Corporation, KIC)는 해외투자 전문기관으로 2005년 7월에 설립되었다. 출범 초기 국가가 민간 분야에 진출하는 것이 필요한 가에서부터 시장에 대한 파장을 우려하는 반론들이 있었다. 이와 반대로, 중앙은행과 별도로 국가 자산을 운용하는 기관의 설립 필요성이 제기되었는데, 대표적 사례가 싱가포르 투자청, GIC(Government of Singapore Investment Corporation)였다. 동남아시아의 금융허브로서 위상을 높이는 과정에 GIC가 중요한 역할을 수행하였다는 것이 근거로 제시되었다.

　KIC는 정부의 동북아시아 금융허브 정책의 일환으로 추진되었다. 실물 경제의 지속적인 성장을 뒷받침하고, 자산관리를 중심으로 국내 금융산업을 발전시켜 고급 일자리를 창출하기 위한 7대 과제의 하나로 투자공사가 설립되었다.

공사법 제정을 위한 공청회를 거치는 과정에서 반대론자들의 주장을 일부 반영하여 공사의 자산을 국내에 투자하는 것을 금지하여 순수한 해외투자 전문기관으로 설립되었다. 그리고, 투자운용의 효율성을 제고하기 위하여 정부의 간섭을 차단하는 법적 근거를 마련하고, 민간인 중심의 운영위원회가 최고 의사결정을 담당하도록 공사법을 제정하였다.

21
떨어지는 칼,
그리고 전술적 자산배분
(Tactical Asset Allocation, TAA)

    2008년 10월에 출근한 공사에서 중요한 일이 진행되고 있었다. 투자정책서를 개정하는 논의가 진행 중이었는데, 상반기에 실시된 감사원의 정책 감사 결과, KIC의 최종 심의 기구인 운영위원회가 개별 투자 건에 대하여 심의 의결하는 것이 부당하다는 지적하였다. 투자 규모가 일정 수준 이상인 경우를 제외하고 투자 결정을 회사의 실무진으로 이양하고자 하였다. 그에 따라, 이사회가 투자에 관한 심의 의결권을 갖는 것으로 관련 법규가 개정되었다.

    그 와중에 글로벌 시장은 급락세가 이어가고 있었다. 리먼 브라더스가 파산하면서 투자 심리는 공황 상태에 빠졌으며, 연초부터 진행되던 하락세가 더욱 가파르게 진행되고 있었다. 그에 따라 KIC는 자산군별 투자 비중을 조절하는 것을 골자로 하는 비상대책안을 실행에 옮기고 있었고, 나의 간접운용팀은 그 과정에서 핵심적인 역할을 담당하고 있었다.

　나는 연말에 실시하는 리밸런싱에 변화를 주기로 하였다. 기획재정부와 KIC의 위탁계약상 투자 비중(주식 60%, 채권 40%)과 다르게 자산별 비중을 가져 가기로 결정하였고, 사후 평가에 대한 조치의 일환으로 나와 투자전략팀장 대행이 합의 문서로 작성하고 날인하였다.

　2008년 한 해 동안 44%의 폭락을 보였던 글로벌 주식시장은 2009년 들어서 2월까지 하락세를 이어갔으며, KIC의 운용역들은 채권에서 주식으로 전환하는 것을 점진적으로 진행하였다. 연초 이후 2개월간 전략 대비 낮게 가져간 주식 비중으로 많은 초과수익을 창출하였으며, 이후 주식 비중을 전략 비중으로 상향 조정 하여 상당한 초과수익을 연말까지 이어갔다. 전술적 자산배분이 실제 펀드 운용에서 가치를 창출한 사례였다.

　미 연준의 양적 완화가 시작되면서 글로벌 증권시장이 2월을 바닥으로 급상승하기 시작하였다. 간접운용 중인 주식과 채권의 수익률도 가파른 회복세를 보이기 시작하였다. 폭락에 따른 반등이 지속되는 동안, 운용 성과가 부진한 운용사들로부터 자금을 회수하고, 새로운 운용사를 선정하는 작업에 착수하였다.

22
MBA, 재충전의 시간

간접운용팀장으로 바쁜 나날을 보내며 개인적으로 하고 싶은 일이 있었다. 평소 생각해 오던 대학원 공부였다. 대우증권 뉴욕 현지법인의 주재원으로 근무 중에 하지 못했던 MBA였다. KIC가 주는 안정감이 학업을 해야겠다는 결심에 힘을 실었다. 마침 군 제대 이후 사회에 진출한 군대 동기가 먼저 MBA 과정을 밟고 있었던 점도 계기였다.

여러 대학원 과정 중에 선택한 것은 고려대학교 경영대학원의 K-MBA 과정이었다. 당시 국내 경영대학원들의 경쟁순위에서 3년 연속 수위를 기록하고 있어 입학 경쟁률이 높았다. 서류심사 통과에 이어 두 차례에 걸친 면접에서, "지금까지 살아오면서 가장 후회되는 것과 보람 있었던 것을 영어로 얘기해 보라"는 질문이 있었다. "뉴욕에서 대학원 공부를 하지 못한 것이 전자이며, 지금 면접에 참여하는 것이 후자"라고 답변하였다.

고대 경영대학원의 K-MBA 과정은 한 학기가 일주일에 3일, 3시간 수업으로 진행되었고, 총 4학기를 이수하여야 했다. 2009년 3월 입학한 동기생들의 평균 연령은 34세, 나는 세 번째 고령자였다. 2009년부터 2010년까지 2년 동안 글로벌 시장이 큰 변동성을 보이던 기간, 주경야독하는 생활은 순탄하지 않았다.

특히, 2010년 하반기 국정감사 업무와 공부를 함께 하는 것은 무척 힘든 일이었다. 상반기에 실시한 감사원 감사에서 KIC가 2008년 초 투자한 메릴린치의 가격이 폭락한 데에 따른 집중 조사가 이뤄졌고, 지적 사항을 포함한 감사결과보고서가 국회에 전달되었다. 기획재정위 소속 의원들의 KIC에 대한 질문 공세에 대비하였으며, 내가 중임하던 대외홍보 섹션은 눈코 뜰 새 없이 자료 속에 파묻혀야 했다.

기획부서로 이동한 것은 2010년 초였다. 부서장들의 보직 변경 과정에서 나는 투자전략팀장으로 이동하였는데, 간접운용 비중이 연초 대비 크게 낮아지면서 투자전략팀의 역할이 중요해졌기 때문이다.

전략팀은 운용본부의 중장기 운용전략을 기획하고 CIO를 지원하여 자산군 간 비중을 조정하는 역할을 담당하게 되었다. 기존의 종목 선택에 의한 초과수익에 더하여, 정책 포트폴리오의 자산군 간 비중과 실제 포트폴리오의 비중을 다르게 가져가 초과수익을 창출하는 새로운 운용전략을 시도하였다. 소위 전술적 자산배분(Tactical Asset Allocation, TAA)을 추가 수익원으로 도입하는 것이었으며, 펀더멘털 및 사례 분석, 그리고 구체적 실행계획 등을 수립했다.

내가 추진하였던 전략은 '공구 중 나사를 조이는 드라이버를 통한 초과수익 창출'이었다. TAA를 통한 초과수익 창출과 관련하여, 자산군을 구성하는 지역 또는 섹터의 비중을 기준과 다르게 많은 기회조합(Opportunity Sets)들을 활용하는 것이었다. 이와 달리, CIO가 채택하고자 한 전략은 자산군 간 비중 조절을 활용하는 '해머'식 초과수익 창출이었다. '해머'식은 의사결정과 실행이 단순하지만 성과의 등락이 심한 단점이 있었다. 이에 비해, '드라이버'식은 투자결정을 위한 조사 분석에 시간이 걸리지만 다양한 기회를 활용하는 것으로 성과의 변동성이 작은 것이었다. 이러한 기본전략에 대한 운용본부장과 나의 견해 차이가 계기가 되었는지 나는 다른 부서로 이동하게 되었다. 마침 미국 뉴욕에 KIC 현지사무소를 설립하였고, 초대 소장으로 기획팀장이 뉴욕으로 발령 나면서 내가 기획팀장을 맡게 되었다.

경영본부로 이동한 후 기다리는 것은 기관장에 대한 평가였다. KIC는 정부산하기관 및 정부투자기관 관리에 관한 기본법의 적용을 받지 않게 설립되었으나, 두 법이 폐지되고 공공기관 운영에 관한 기본법(공운법)이 제정되면서 공공기관으로 지정되어 기관장 평가를 받게 되었다. 평가받는 업무는 기획팀이 맡고 있었다. 평가 자료를 작성하고 심사위원들에게 제대로 알려 기관장에 대한 평가를 잘 받는 것이 과제였다.

기관장에 대한 평가 외에 국부펀드 운용사로서 장기 비전과 달성

전략을 수립하는 업무가 있었다. KIC는 메릴린치의 투자 성과 부진으로 국민의 따가운 시선을 받고 있었다. 감사원은 그 투자 건에 대하여 특별감사를 실시하였고, 그 결과가 국회의 기획재정위원회에 전달되었다. 여야를 막론하고 KIC의 투자 실패에 따른 책임을 추궁하였다. 국정감사에서 감사원 결과보고서에 나타난 각종 문제들에 대하여 의원들의 질타와 시정 요구들이 봇물처럼 쏟아지고, KIC는 사후 대책들을 수립하고 시행하기에 바빴다.

23
외부용역 없는 'Vision2020'

    KIC의 메릴린치 투자에 따른 사후 조치는 마치 대한민국이 1997년 말 IMF의 구제금융으로 겪은 혹독한 구조조정과 비슷하였다. 리스크관리본부가 신설되어 운용본부의 투자결정 과정에 대한 견제 장치를 마련하였다.

    글로벌 금융위기를 겪으면서 KIC를 비롯한 해외의 국부펀드들에 대한 국제 자본시장의 관심이 높아졌다. 미국 부동산 시장의 하락에서 시작된 신용시장의 붕괴는 부동산 관련 파생상품의 연쇄적 지급불능으로 이어져, 신용평가사의 등급만으로 투자위험을 감수한 펀드들이 큰 폭의 손해를 입었다. 그 결과, 투자기관들은 심각한 유동성 부족에 시달리게 되어 현금화를 위한 자산 매각이 시장의 하락세를 가속화하는 악순환이 전개되었고, 리먼 브러더스가 파산하는 국면을 맞아 KIC가 투자한 메릴린치 또한 뱅크 오브 아메리카에 흡수되었다.

중동과 아시아의 국가 자산을 운용하던 국부펀드들이 2008년 글로벌 신용위기를 겪으면서 선진국 투자은행들의 지분에 투자하여 상당한 손실을 입은 것은 사실이었다. 그러나, 위기 가운데 장기투자 목표에 따라 지속적으로 글로벌 자산들에 투자한 것이 급반등한 회복 국면에서 상당한 투자수익을 창출할 수 있었다. KIC도 메릴린치 투자에 대한 국회와 언론의 따가운 시선에도 장기 비전에 따라 업무를 진행하였다. 전통자산에 대한 투자전략을 다변화하고, 대체자산에 대한 투자를 시작하는 등 해외 포트폴리오의 효율성을 높이려는 노력을 지속하였다.

이와 같은 노력의 일환으로 기획팀은 해외 운용 기관들에 대한 벤치마킹 작업을 진행하였다. 국부펀드의 존재 이유를 지속적으로 요구하는 다수의 관계자들의 요청에 부응하기 위한 과정이면서, 공사의 장기 비전에 대한 내부 공감대 형성이 절실하였기 때문이다.

지난 2005년 공사가 설립되던 시기에 비해 많은 부분에서 변화가 있었으며, 국부펀드에 대한 국내외 관심이 높아지면서 KIC의 설립 목적에 대한 국민적 공감대가 요구되었다. KIC의 출범 배경이었던 동북아시아 금융허브 육성이라는 정책 목표가 정부 내에서 추진력이 약해진 가운데, 글로벌 신용위기와 유럽의 재정위기 등 연이은 금융시장의 혼란은 KIC의 역할과 과제에 대한 의문을 제기하게 만들었다.

이런 배경에서 시작된 것이 공사의 'Vision2020'이었다. 나의 기획팀은 해외 국부펀드 사례에서 KIC가 지향해야 할 가치와 달성 전략에 대한 정보를 수집하였으며, 2011년에 들면서 장기 비전 및 경영 전략을 수립하고자 하였다.

이때 프로젝트를 직접 수행할 것인가를 두고 많은 고민이 있었다. 기관의 비전을 수립하는 프로젝트는 많은 사례들을 분석한 컨설팅 회사를 경쟁 입찰을 통해 선정하여 수행하는 것이 국민들의 지지를 얻는 데에 유리하다는 의견이 많았다.

그러나, 나와 부서원들의 생각은 달랐다. KIC의 장기 발전 방안에 대한 외부용역은 이미 2008년 이후 여러 차례 진행된 바 있었다. 그리고, 국부펀드의 정책 목표와 추진 전략은 국가의 독특한 조건들을 반영하여야 하며, 임직원들의 참여를 통하여 새 비전에 대한 주인 의식을 갖도록 하는 것이 중요하다는 점에 주목하였다. 그리하여, 새로운 비전 수립을 외부용역으로 추진하자는 중론에도 불구하고 우리 팀은 자체 역량으로 직접 Vision2020을 수립하기로 하였다.

이 Vision2020은 KIC에게 기대하는 내부 직원의 가치에 대한 설문조사로 시작되었다. 그리고, 정부, 운용업계, 국회, 그리고 학계 인사들을 방문하여 의견을 수렴하였다. KIC로부터 기대하는 가치 중에는 투자를 통한 자산 증식 외에 국내 금융산업 발전에 대한 기여와 관련한 요청들이 많았다. 특히, 투자 활동에서 전통자산 이외 대체자산에 대한 투자로, 수익을 창출하는 것 이상의 가치를 창출할 것을 주문하였다. 이는 금융위기 이후 국부펀드들 사이에 활발하던 에너지를 비롯한 실물 자산 투자에 관한 보도가 기여하였다.

비전과 관련하여 KIC가 지향하는 국부펀드의 목표상에 부합하는 사례들은 무엇인가? 싱가포르의 GIC(Government of Singapore Investment Corporation)를 제시하는 이가 많았다. 재원(Source of Fund)과 자산배분 측면에서 유사하다는 점이 크게 작용하였다. 아울러, 아시아에서 가장 영향력 있는 투자기관으로 한국 시장에 투자한 사실이 알려지면서 유명세를 더한 것도 배경이었다.

KIC의 벤치마킹 대상과 관련하여 흥미로운 사례들 중 하나가 호주의 QIC(Queensland Investment Corporation)였다. 그 기관은 엄밀한 의미에서 국부펀드의 범주에 포함하기에 특별한 사항이 있었는데, 설립 주체가 국가가 아닌 주정부였으며, 운용 자산 또한 주정부 자산 외에 공공 연기금들로부터 위탁받은 자산들을 운용하고 있다는 점이었다. 약 80명이 넘는 고객들로부터 자금을 위탁받아 각각의 목표 수익률과 허용 위험한도, 투자 기간 등에 관한 계약을 체결한 후 운용하는 기관이었다.

아울러, 싱가포르의 또 다른 국부펀드인 테마섹(Temasek Holdings)을 KIC의 미래 모델로 상정해야 한다는 의견도 제시되었다. 테마섹이 투자하는 사모주식에 관한 보도 사례를 벤치마킹하여, KIC의 존재감을 국민들에게 인식시키자는 방안이었다. 이러한 의견은 정책의 입안과 실행에 참여하는 정부와 국회의 관계자들이 제시하였다.

이상의 세 가지 사례 외에 노르웨이의 중앙은행에 속한 NBIM(Norge Bank Investment Management), 호주의 Future Fund 등이 추천되었다. 특기할 만한 것은 당시 자주 보도된 중국의 국부펀드 CIC(China Investment Corporation)를 추천하는 이가 없었다는 것인데, CIC가 KIC를 벤치마킹한 적 있었고, 중국 주요 기업들의 지분을 확보하고 있는 데에 대한 경계감이 작동한 것이었다.

중국투자공사(CIC)의 설립 과정에 특별한 것은 재원의 조달 방식이었다. CIC는 KIC 또는 GIC와 달리 운용 자금을 자기자본으로 조달하였다. KIC가 한국은행과 기획재정부에서 자금을 위탁받아 운용하도록 설립된 것과 달리, CIC는 자기자본을 운용하는 방식이었다. 최초 운용 자금은 재무부가 위안화 채권을 자국 시장에 발행하여 조성한 자금으로 인민은행의 외환관리국(State Administration of Foreign Exchange, SAFE)이 보유한 외화를 매입한 후 CIC에 출자한 것이다. 이로 인해, SAFE는 CIC가 운용하는 외화자금의 투자 수익률에 직접적인 이해관계를 갖지 않게 되었으며, CIC는 위탁계약이 아니라 자기자본 운용 기관으로서 장기 관점에서 시장 대비 수익이 아닌 절대 수익을 추구하게 되었다.

이와 같은 재원 조달 방식의 차이는 투자 의사 결정부터 사후관리까지 전 과정에 변화를 가져왔다. KIC는 한은과 기획재정부로부터 투자 자산군과 비중을 사전에 합의한 정책 포트폴리오를 운용기준으로 부여받으며, 운용 성과는 정책 포트폴리오 대비 상대 성과 즉 초과수익이 목표였다. 따라서 KIC에게 위험은 정책과 실제 포트폴리오 사이의 오차의 평균 즉, 트래킹 에러로 정의되었다. 이러한 위험의 개념은 일반 투자자들 사이에서 흔하지 않아서 이해관계자들을 이해시키는 것이 어려웠다.

이러한 평가 기준의 차이는 KIC의 평가와 관련 대내외적으로 많은 인식의 차이를 낳았고, 그 갭을 메우기 위한 KIC의 노력이 필요하였다. 즉, CIC와 같이 절대수익률을 목표로 하는 경우 총수익률의 변동성이 위험으로 간주되었고 평가 대상 기간도 길었다. 장기 성과를 기준으로 평가함으로써 단기 수익률의 높은 변동성을 견딜 수 있게 하여, 성공 투자의 원칙인 장기투자를 가능하게 만들었다.

KIC의 비전 설정 과정에서 장기투자체제를 경영전략의 첫 번째로 설정된 데에는 이 같은 배경이 있었다. 운용의 기본적 고려 사항이 자금의 수명이고, KIC에 위탁되는 자금은 장기 수익을 창출하기 위한 것이었다. 자금의 수명에 대한 국민들의 이해를 구하는 것이 현실적으로 매우 어려웠다. 공사가 설립되는 시기에 외환보유고의 수익률을 제고한다는 목표가 공지되었는데, 일반 국민들에게 외환보유고는 위기 상황에 대비한 유동성 확보 수단으로 인식되었기 때문이다. 이러한 점이, KIC가 해외 국부펀드들에 비하여 장기투자자로 인정받는 데 어려움을 겪는 원인이었다. 그리고, KIC의 자금을 위탁하는 한국은행과 기획재정부의 목적이 서로 달랐다. 한국은행은 KIC를 외부 운용사들 중 하나로 간주하여 전통자산으로 투자를 제한하고, 비중과 지역을 계약서에 명시하여 상대수익으로 성과를 평가하였다.

그런데, 기획재정부는 달랐다. 위탁계약서에 정책 포트폴리오를 정하는 것은 동일하지만, 투자 대상에 전통자산 외에 대체자산을 포함하였으며, 상대평가와 함께 절대수익률에 부분적으로 책임질 것을 기대하였다. 한은에 대해서는 일반 자산운용사(Asset Manager)이고, 기획재정부에 대해서는 신뢰받는 운용사(Fiduciary Manager)라는 Vision

이 설정되었다. 그리고, 이러한 비전을 달성하기 위한 과제 중 하나가 전략적 자산배분(Strategic Asset Allocation, SAA)이었다.

24
논란의 중심에서 찬사의 대상으로

　KIC의 메릴린치 투자는 글로벌 금융위기 동안 대표적 실패 사례로 국민들에게 인식되어, KIC가 국부펀드로 성장하는 데에 전제되어야 하는 국민의 신뢰를 회복하기까지 많은 시간이 걸렸다. 금융위기 이후 세계 자산 시장이 급속하게 반등하면서 공사의 투자 자산이 이익으로 전환하였으며, 메릴린치는 상업은행인 Bank of America의 주식으로 전환되어 업계 선두였던 메릴린치는 BOA Merrill Lynch라는 이름으로 명맥을 유지하게 되었다.

　KIC의 투자수익이 개선 조짐을 보이는 가운데 운용규모도 증가한 배경에는 저성장 저금리로 상징되는 뉴노멀(New Normal)의 환경이 있었다. 각국의 통화당국이 적극적으로 실시한 양적 완화 정책으로 저금리가 지속되고, 실물 경제는 부채 축소를 위한 디레버리징이 진행되어 소비가 위축되는 등 저성장에서 벗어나지 못하고 있었다. 이 같은 상황에서 선진국 채권의 낮은 수익률을 개선하기 위하여 위험자산 투자 비중을 확대하자는 필요성이 강조되었다.

Vision2020에 따른 장기투자는 2012년에 결실을 보였다. 양적 완화 효과로 선진국 경제 특히, 미국 경제의 회복이 두드러지는 가운데 주식 가격이 가파른 상승세를 보였다. KIC의 자산배분 과정에 적용된 MSCI All Countries Index에서 미국 시장이 차지하는 비중이 약 40%를 차지하고 있어 투자 성과가 크게 향상되었으며, 전통자산의 연간 수익률이 11.8%에 이르게 되었다. 이러한 성과는 국내의 연기금 수익률 대비 거의 두 배에 달하는 것이었으며, 해외의 국부펀드들과 비교해도 뒤지지 않는 우수한 성과였다. 특기할 만한 사항은, 절대수익률뿐 아니라 벤치마크 대비 상대수익률도 매우 양호한 성과를 보여주었다는 점이다. KIC의 우수한 투자 성과는 국내 시장의 부진에 반하여 해외 자산에 대한 투자가 확대되는 국면에서 KIC에 대한 인식의 개선으로 이어지게 되었다.

25
해외투자를 선도하는 국부펀드

해외 시장의 두드러진 상승과 대조적으로 국내 주식시장은 상대적으로 부진하였다. 이러한 차이는 국내 기관들이 국내 중심의 포트폴리오를 재조명하게 만들었다. KIC의 투자 시스템 및 성과에 대한 재평가가 진행된 것은 자연스러운 현상이었다. 나의 기획팀은 국회 기획재정위원회 관계자들에 대한 홍보 활동을 업무의 우선순위에 두었으며, 정기 업무보고 자리를 빌려 KIC의 성과를 지속하기 위한 조직 강화의 필요성을 강조하였다.

국내 자본들은 여전히 국내 기업들이 발행한 채권과 주식에 주력하고 있었으며, 해외 자산에 대한 투자는 특정 자산에 편중되어 있었다. 기획팀 목표는 초기 메릴린치로 인한 부정적 인식을 불식시키는 한편, 국부펀드로서 KIC의 비전과 목표를 국민들에게 뚜렷하게 각인시키는 것이었다.

 국내 기관들을 대상으로 해외투자의 경제적 효과를 분석하여 제시하고, 해외 자산을 포트폴리오 편입할 필요성을 알리기 위한 투자세미나를 개최하였다. 글로벌 세미나의 주제는 해외 자산의 예상수익과 위험, 해외투자를 통한 포트폴리오의 분산 효과 등에 관한 것이었다.

26
이상 조짐

KIC를 비롯한 정부투자기관 및 산하기관들은 정기적으로 경영평가를 받아야 했다. 기획재정부 산하기관인 KIC도 기타 공공기관에 포함되어 정기평가를 받았다. 2013년 정기평가는 2012년의 경영 성과에 대하여 진행되었으며, 운용 수익률이 뛰어났기에 우수한 결과를 기대하였다.

기타 공공기관은 기관에 대한 평가를 별도로 받지 않고 기관장 평가에 포함되었다. 이러한 기관장 평가를 위한 자료 준비는 기획조정실이 주관하였다. 정해진 양식으로 업적기술서를 작성하여 제출한 후, 평가위원들을 대상으로 경영 성과에 대하여 방문하여 설명하였다.

2011년과 2012년의 평가 결과는 'C' 등급이었다. 주로 교수들로 이루어진 평가단의 심사를 토대로 같은 범주 내 기관들을 'S'에서 'E'

등급을 배정하는 방식이다. 이때 각 등급이 좌우 대칭이 되도록 상대평가를 하는데, 기관들은 다른 기관 대비 나은 등급을 받기 위해 최선을 다했다.

그리고 최종 결과가 발표되었다. 이전보다 한 단계 하락한 'D' 등급이었다. 공공기관 평가는 큰 관심의 대상이었기에 기획재정부는 기자 회견으로 결과를 발표하였다. 그리고, 각 범주별로 특이한 결과에 대한 질의응답도 함께 진행되었다. 공사의 등급 하락에 대한 질문에 평가위원장은 '질의 항목에 대한 이해 부족'을 첫 번째 이유로 들었다. KIC가 평가 항목에 대한 이해가 부족하였다는 것이다. 두 번째, 투명성 기준에서 경쟁 기관들 대비 부족하였으며, 이사회 결과를 홈페이지에 적기에 공시하지 않았다는 점을 들었다.

뜻밖의 평가 결과에 대하여 사장은 민감한 반응을 보였다. 기타 공공기관은 기관평가로 기관장을 평가하기에 만회할 기회가 주어지지 않았다. 이런 상황에서 평가 결과가 향후 공공기관의 개혁에 반영될 것이라는 보도가 전해졌다.

이상한 기류가 흐르고 있다는 것을 KIC 임직원들이 알게 되는 데에는 시간이 오래 걸리지 않았다. 최악의 시나리오가 현실화될 수 있는 가능성이 높아지고 있었다. 이런 분위기가 회사 내에 알려진 것은 정기 국회 일정이 시작되면서였다. 국정감사가 시작되어 KIC도 업무실적을 보고하기 위한 준비 작업에 들어갔다. 상반기까지 KIC의 운용 성과는 전년에 이어 우수한 실적을 보이고 있었다. 특히, 국내 대형 연기금과의 수익률 격차는 더욱 확대되었다.

기관장 평가 등급이 비록 최하위 직전 수준으로 나오긴 하였지만,

지난해와 올 상반기의 우수한 투자 성과는 KIC에 대한 시각을 우호적으로 만들었다. 그동안 국회 기재위 관계자들과 소통해 온 바에 따르면, KIC 설립 초기 메릴린치 투자로 인한 부정적 이미지가 바뀌어질 수 있는 기회라고 알려졌다.

공공기관에 대한 정부의 개혁이 언론에 의해 공론화되기 시작한 것도 KIC의 이러한 내부 기류와 무관하지 않았다. 기관장 평가에서 'E' 등급을 받으면 당해 연도에 해당 기관장이 그만두어야 하였으며, 'D' 등급은 한 번의 기회가 더 주어졌으나, 이번에는 두 등급 모두 개혁의 대상으로 보도되었다.

KIC 사장의 거취에 대한 얘기가 공론화되기 시작한 것은 국정감사를 하루 앞둔 시점이었다. 국정감사의 일환으로 기재위의 산하기관 업무보고를 하루 앞둔 시점에 돌연 사장의 사임 소식이 알려졌다. 기관장 평가에서 'D' 등급을 받은 후 사장은 사직서를 제출하였고, 국정감사에 출석하여 업무보고를 하는 것이 적절하지 않다는 얘기가 전해졌다.

국감을 하루 앞두고 피감 기관장이 사표를 제출하고 그만두었다는 것을 국회는 수긍하기 어려웠을 것이다. 국감 준비에 바쁜 전날 밤 한 통의 전화가 걸려왔다. 대외 홍보활동을 책임지고 있던 임원의 전화였는데, 야당 간사 의원실에서 기관장이 갑작스러운 사퇴에 관하여 국회에 와서 해명을 하라는 것이었다.

내가 국회 의원회관을 찾은 것은 밤 10시가 조금 넘은 시각이었다. 거기에는 직원들이 의원실을 찾아다니며 다음 날 국정감사에서 다루어질 KIC에 대한 질문을 사전에 입수하기 위해 분주히 뛰어다니고 있었다. 의원회관에 도착하여 현장에 있던 국회 담당 부장을 만나 대응 방안을 협의하였다.

수도 없이 드나들었던 간사 의원실을 무거운 발걸음으로 들어섰다. 마침 의원실은 회의 중이었다. 의원을 중심으로 보좌관과 비서관들이 무언가 협의 중이었다. 문밖에서 눈인사로 방문 사실을 알리고 옆 방의 의자에 앉아 기다렸다.

1시간가량 흐른 다음 인기척이 들리기 시작하였다. 회의가 끝났다는 생각에 문밖을 보는데, 회의를 마친 의원이 출입구 쪽으로 가면서 내가 있는 방안을 잠깐 들여다보았다. 기대와 다르게 의원은 무심한 시선을 거두고 사무실을 나갔고, 회의실에서 들어오라는 말이 들렸다. 방에 들어서자 보좌관의 얼굴과 함께 짧은 문장과 직인이 찍힌 공문서가 들어왔다. 순간 모든 상황이 파악되었다. 주무 부처에서 국회 상임위 간사 의원에게 전달된 산하기관장의 해임결의 공문이었다. 보좌관은 모든 걸 알고 있다는 듯 간단하게 미팅을 마무리하였다.

27
하나UBS 글로벌운용본부장이 되어 다시 여의도로

    KIC의 신임 사장이 부임한 후, 운용본부장이 교체되고 나는 이직을 위하여 여의도를 방문하였다. 하나UBS자산운용이었다. 한투와 더불어 3대 투신의 하나로 2007년 하나대투증권과 UBS가 49:51의 비율로 합작 투자한 외국계 운용사였다. 업계 중위권이지만 국내 투신업계의 양대 산맥으로 많은 인재를 배출해 온 전통의 운용회사, 그리고 글로벌 금융그룹 UBS의 오랜 노하우 등이 장점인 회사였다.

    하나UBS에 서류 제출 후 3주가 지나 면접을 제안받았고, 여의도를 찾은 것은 그로부터 며칠 후였다. 여의도역을 나와 한투운용을 지나 대투증권 빌딩을 향하는 나의 눈에 길 건너편 낯익은 빌딩이 들어왔다. 2002년 12월에 떠났던 서울투신운용이 있던 건물이었다. 길을 건너오는 데 12년의 시간이 흘렀다.

하나UBS 입사를 확정하고 혼자 떠난 2주간의 지방 여행은 새 직장에 적응하기 위한 준비 과정이었다. 1992년 증권시장의 개방 이후 애널리스트, 브로커, 그리고 펀드매니저로 근무한 경험을 어떻게 하나UBS의 글로벌운용본부에서 활용할 것인가 떠올리는 시간이었다.

내가 여의도로 돌아왔다는 소식이 언론을 통해 시장에 알려졌다. 마침 국민연금과 새마을금고중앙회에서 운용본부장을 역임한 두 사람이 슈퍼 갑 기관에서 여의도의 민간운용업계로 새로 둥지를 트게 되었다는 내용과 함께 전해졌다. 두 사람을 포함한 나의 복귀는 때마침 일기 시작한 해외투자 확대와 맞물리는 것이었다.

처음에 내가 맡은 업무는 신설된 글로벌운용본부장으로 UBS Global Asset Management(GAM)의 펀드들을 국내 투자자들에게 제공하는 것이었다. 나는 UBS GAM의 국내 시장의 이미지와 경쟁력에 대한 진단으로 업무를 시작하였다. 해외와 달리 국내에서 UBS GAM의 Brand 이미지는 IB에 가려져 운용사로서 인지도가 낮고 대표 펀드도 연상되지 않았다. 많은 해외 운용사들 중 UBS GAM을 선택하도록 만들기 위해 긍정적 이미지가 필요하였다.

열악한 분위기에서 내가 주목한 장점은, 오랜 기간 고액자산가들의 자산을 관리해 온 인프라와 노하우, 그리고 우수한 인적 자원이었다. 국내에 진출한 글로벌 운용사들은 고객이 선택한 시장 지수 대비 초과수익을 창출하는 알파 매니저들인 데에 비하여, UBS GAM은 베타와 알파를 동시에 추구하는 점을 강조하기로 했다. 단순한 자산운용사가 아니라 전체 자산을 관리하는 '신뢰받는 운용사(Fiduciary Manager)'라는 점을 부각시키기로 하였다. 국내 시장과 달리 해외의 수많은 시장들에 대한 정확한 정보 제공을 강점으로 제시하였다.

  고객 입장에서 총수익률에 초점을 둔다는 것은 UBS의 업무 구성에서 확연히 드러나는데, 총수익률을 결정하는 핵심적 요소인 전략적 자산배분 시스템이 잘 개발되어 있었다. 연구 결과에 따르면, 총수익률의 91.4%가 전략적 자산배분에 의하여 결정되며, 종목 선택, 시장타이밍 등은 전체 수익률의 10% 미만으로 기여한다는 점이 증명된 바 있었다. 이러한 배경 위에 UBS GAM의 서비스들 중 전략적 자산배분의 강점을 회사 이미지로 부각하는 것을 핵심 과제로 설정하였다.

28
자산배분형 펀드와
종목 선정 기법(PEG)

　새롭게 출발한 나의 글로벌운용본부는 UBS의 Wealth Management의 기본 목표인 고객 자산의 안정적인 수익 창출에 주목하였으며, 마침 퇴직연금의 효과적 운용이라는 주제와 맞물려 시장의 관심을 받기 시작하였다. 주식, 채권 그리고 부동산 등을 함께 투자하는 자산배분형 펀드의 필요성이 부상하고 있었다.

　여의도 메리어트 호텔에서 증권 기자들을 초청하여 전략적 자산배분과 전술적 자산배분을 활용한 멀티에셋 펀드의 운용에 대하여 소개하였다. 투자자는 지수 대비 초과수익이 아니라 총수익이 중요하다는 점을 강조하는 자리였다.

　마침 대형 연기금들이 위탁하는 해외 주식 투자에 상장지수 펀드(Exchange Traded Fund, ETF)를 이용하고 있었다. 이것을 EMP(ETF Management Portfolio)라고 일컬었으며, 연기금 풀을 총괄하는 삼성자산운용이 위탁운용사를 모집하였는데, 신설된 하나UBS 글로벌운용본부가 경쟁 모집에 참여하여 선정되었다. 연기금으로부터 수탁 실적이 미미하였던 하나UBS의 새 본부가 가시적인 성과를 보이기 시작했다. 그후 우리는 벤치마크 대비 초과수익을 창출하였고, 수탁 규모는 계속하여 늘어났다.

한편, 일본의 대형운용사 다이와자산에게 투자를 일임하였던 일본 주식 펀드에 변화가 있었다. 펀드 규모의 축소로 자문 계약을 해지하겠다고 통보해 왔다. 나는 고객들을 위하여 자체적으로 운용하기로 하고, 예전에 국내 주식 운용에 적용하던 PEG 시스템을 활용하였다. 위탁운용 하는 동안 TOPIX 500과 차별을 보이지 못했던 펀드 수익률이 직접 운용 이후 뚜렷한 초과수익을 보이기 시작하였다. 한빛투신과 서울투신에서 적용하던 PEG의 종목 선정 효과를 확인하는 순간이었다.

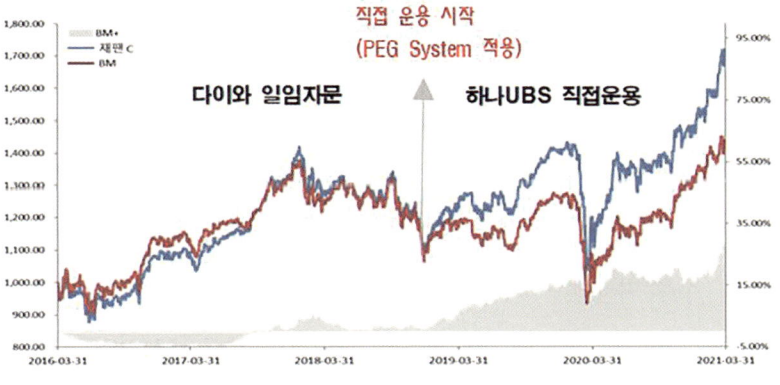

출처: 하나펀드서비스, 보수 차감 전 수익률(2021년 3월 말 기준)

29
국내 최초 목표 연도 펀드
(Target Date Fund, TDF) 설정

펀드에 대한 시장의 수요 변화에 대응하기 위하여 2014년 9월에 개발한 펀드가 '목표 연도 펀드(Target Date Fund, TDF)'였다. 우정사업본부에서 예금자금과 보험적립금을 대상으로 '전략적 자산배분(Strategic Asset Allocation, SAA)'에 대한 연구용역을 수행한 경험과 지식들이 활용되었다. 이와 함께, 한국투자공사에서 Vision2020을 수립하면서 선진국 연기금들의 자산배분에 대한 조사를 했던 경험도 활용되었다.

증권 미디어들에 대한 홍보를 시작하였다. 여의도 메리어트 비즈니스 호텔의 2층 콘퍼런스 홀에 증권 전문 기자들을 초대하였다. 전략적 자산배분의 개념과 목적, 그리고 실행 방법 등에 대하여 발표하고, 향후 자금운용 시장에서 어떠한 영향을 가져올 것인가에 대하여 질의응답 시간을 가졌다. 그리고, 2014년 9월 국내 최초로 '목표 연도 펀드(TDF)'인 '하나UBS 행복Knowhow연금펀드'가 출시되었다.

그리고, 새로운 연금펀드에 대한 시장의 반응은 서서히 나타났다. 자산배분에 대한 투자자들의 인식이 자리 잡는 데에 시간이 필요하였다. 퇴직연금의 수익률을 제고할 필요성과 방법에 대한 시장의 관심이 낮았다. 그러나, 기존 퇴직연금의 낮은 수익률에 대한 시장의 불만이 부각되면서 분위기가 달라지고 있었다. 금융투자협회는 국내 자산운용 시장의 발전 과제로 연금을 위한 펀드의 도입에 노력을 기울이고 있었다.

하나UBS는 먼저 하나은행의 자산관리 담당부서에 대한 설명회에서 마케팅을 시작하였다. 해외 대형운용사의 유사 펀드를 판매 중이었던 하나은행 담당자의 관심을 불러일으키는 것이 관건이었다. 경쟁 펀드의 투자 성과, 투자 경험, 높은 인지도 등은 하나UBS의 신생 펀드에게 높은 장애물이었다. 그리고, 행복Knowhow연금 시리즈가 출시된 2014년을 지나 새해가 되자 삼성자산운용이 업계 두 번째로 TDF를 출시하였고, 하나은행을 비롯한 판매 채널을 통하여 수탁고를 급속히 늘려나갔다.

| 에필로그 |

책의 탈고를 마무리하면서 못다 한 메시지가 있어 에필로그를 쓰게 되었다. 저자가 현역이던 시기와 크게 달라진 지금의 모습들, 해외투자에 대한 인식과 성과, 미국 경제와 금융시장의 파급 효과 등이다. 달러화의 위상에 대한 의문이 책과 영상으로 공유되는 것을 보면서 오래된 경제와 사회 관련 지식들이 먼지를 털고 일어나 백가쟁명 하듯 어우러지고 있다.

본문에 기술한 것처럼 저자는 금융시장의 각 부문을 체험하였다. 전체를 아우르는 시각에서 공유하고 싶은 생각들은 다음과 같다.

먼저, 시장을 바라보는 시각이다.
실제 투자 경험은 대개의 경우 40~50년을 넘기지 않는다. 위기 국면에서 투자 행동에 영향을 주는 것은 간접적으로 얻는 정보보다 현실에서 체득한 정보가 큰 영향을 줄 것이라 생각한다. 지난 1980

년 초 고금리 고물가 이후 지난 40여 년간 금리는 하락하고 물가는 안정적이었다. 두 차례의 위기는 특정 부문의 과도한 레버리지 때문이었다. 지금까지 누적된 부채로 인한 문제들을 어떻게 풀어갈 것인가? GDP 대비 최고 수준의 부채가 인플레이션과 맞물리면 경제와 시장에 어떻게 작용할까?

다음으로, 국내 시장에 대한 저자의 생각이다.

최근 월가의 대표 투자은행이 한국 시장을 '중립'에서 '매수'로 상향 조정 했다고 한다. 1992년 국내 증권시장이 외국인 투자자들에게 개방되었을 때가 데자뷔로 떠오르는 지금이다. K-팝, K-푸드, K-드라마 등에 이어 K-주식에 대한 얘기가 회자되고 있다.

코리아 디스카운트의 해소 기대로 시작된 외국인들의 투자가 지속되느냐는 진행 중인 자본시장 개혁 조치의 실행에 달려있다. 증시 개방 이후 30여 년 만에 재시도되는 한국 자본시장의 선진화를 고대한다.

**첨성대에서
월스트리트
그리고 여의도**

초판 1쇄 발행 2025. 9. 5.

지은이 이장호
펴낸이 김병호
펴낸곳 주식회사 바른북스

편집진행 김재영
디자인 김효나
마케팅 송송이 박수진 박하연

등록 2019년 4월 3일 제2019-000040호
주소 서울시 성동구 연무장5길 9-16, 301호 (성수동2가, 블루스톤타워)
대표전화 070-7857-9719 | **경영지원** 02-3409-9719 | **팩스** 070-7610-9820

•바른북스는 여러분의 다양한 아이디어와 원고 투고를 설레는 마음으로 기다리고 있습니다.
이메일 barunbooks21@naver.com | **원고투고** barunbooks21@naver.com
홈페이지 www.barunbooks.com | **공식 블로그** blog.naver.com/barunbooks7
공식 포스트 post.naver.com/barunbooks7 | **페이스북** facebook.com/barunbooks7

ⓒ 이장호, 2025
ISBN 979-11-7263-561-9 03320

•파본이나 잘못된 책은 구입하신 곳에서 교환해드립니다.
•이 책은 저작권법에 따라 보호를 받는 저작물이므로 무단전재 및 복제를 금지하며,
이 책 내용의 전부 및 일부를 이용하려면 반드시 저작권자와 도서출판 바른북스의 서면동의를 받아야 합니다.